3ステップで
学びの土台をつくる

国語授業のこだわり33

牧園浩亘

東洋館出版社

まえがき

「国語を堪能」国語授業づくりの「こだわり」が生んだ発言

ある年に担任した三年生の学級。
一年間の終わりを迎えようとしていた二月中旬。
国語の授業中に突然、一人の子が発言しました。

「僕、今、国語を堪能してるわ」

その瞬間、「分かる！」という声があがり、周りの子どもたちもうなずいていました。
授業に、のめり込んでいることが伝わってくる発言や反応です。
このような素敵な発言を、子どもから聞けるなんて教師冥利に尽きるというものです。
それと同時に、私は次のように考えました。

なぜ、「堪能」という言葉を知っているのだろうか。
なぜ、「楽しい」や「面白い」ではなく、「堪能」という言葉で表現したのだろうか。

なぜ、「国語を堪能」と聞いた周りの子どもたちが、相槌を打ち、うなずいているのだろうか。

「僕、今、国語を堪能してるわ」

この発言と周りの子どもたちの反応には、国語授業で指導してきたことが集約されています。この発言を生み出し、周りの子どもたちの反応を引き出したのは、国語授業における**教師の「こだわり」**です。教師の「こだわり」で国語授業づくりを行ってきた結果、子どもたちの中に積み重ねられた言葉へのこだわりが、発言と反応になってあふれ出てきたのです。

「言葉にこだわる子どもたちに育ってほしい」

この想いから、日常の国語授業で、子どもたちに**いくつもの布石**を打ってきました。

日常の国語授業で教師が打ってきた布石を、本書では**国語授業の「こだわり」**と定義します。日常の国語授業づくりで、教師が**「ほんの少し意識して指導したいこと」**と言い換えてもよいかもしれません。

国語授業づくりの「こだわり」とは…

言葉にこだわる子どもを育てるための、教師の「こだわり」

日常の国語授業で教師が打つ布石（ほんの少し意識して指導したいこと）

本書では「言葉にこだわる子どもを育てる」ことを目的としたとき、その目的を達成するために必要な教師の「こだわり」を紹介していきます。

なぜ、「言葉にこだわる子どもを育てる」ことを目的とするのか。

「言葉にこだわる子ども」とは、どういう状態をいうのか。

なぜ、教師の「こだわり」で、国語授業づくりを行うと良いのか。

どのような「こだわり」があるのか。その「こだわり」には、どのような段階があるのか。

これらについて、第一章で述べていきます。


第二章では、言葉にこだわる子どもを育てるために、子どもたちに身に付けさせたい力と、その方法について述べていきます。それぞれの力を身に付けさせるために、教師が「どんな場面で」「何に（何を）」こだわればよいのかを、第一章で述べた段階ごとに順を追って説明します。読んでいただく方が、授業場面をイメージして読み進められるように、具体的な授業記録を中心に各項を構成しています。また、実践しやすいように、各項の最後に「こだわりポイント」もまとめています。

私は、国語授業が苦手でした。何を、どう教えたら良いのかが分からなかったからです。

しかし、「こだわり」という視点で授業づくりを行うようになってから、国語授業が楽しくなりました。子どもたちにも力が付いてきている実感があります。

同じように、国語授業づくりに悩んでいる先生方にこそ、本書を手にとっていただきたいです。

本書で紹介する教師の「こだわり」は、意識すれば誰にでも実践していただけるものです。日常の国語授業で**「どんな場面で」「何に（何を）」「どのように」**教師がこだわれば良いのか、それぞれの視点に沿って、少しずつ授業づくりを改善していけば良いのです。

教師が「こだわり」をもって授業づくりを行うことで、言葉にこだわる子どもたちが育ちます。

言葉にこだわる子どもたちが育つと、子どもも教師も国語授業が楽しくなります。

国語授業づくりの「こだわり」を実践し、言葉にこだわる子どもを共に育てていきませんか。

もくじ

第1章

「こだわり」で国語授業を変える

1　何を、どう教えたら良いのかが分からない

まえがきでも触れましたが、私は国語の授業が苦手でした。
授業が苦手だという空気は、子どもたちにも伝わりました。

T「漢字の学習をします」　C「えー!!」「やりたくない」
T「音読をします」　C「読むのがめんどうくさい」
T「ノートに考えを書きなさい」　C「何行、書けばいいんですか」

授業は、このような状態でした。
指導者である私が、迷いながら授業を進めていたので無理もありません。
子どもたちには、本当に申し訳なかったという思いしかありません。
何を、どう教えたら良いのかが分からなかったのです。

・漢字を覚えさせるには、繰り返し練習させればよいのか？

・音読は、どのような指示をして、何を意識させて読ませればよいのか？
・教科書をどう扱えばよいのか？
・物語では、登場人物の気持ちを問えばよいのか？
・国語は答えがないのでは？　何を答えさせても良いのでは？
・意見が出なかったら、とりあえず隣同士で話をさせれば良いのか？

授業に対する、このような教師の迷いは子どもたちにそのまま影響しました。

「教科書のどこを読めば分かりますか？」

「先生、答えって何なの？」

そのような声が、よく子どもたちからあがっていました。

そのような声に対して私は、

「みんなが真剣に読んだら、それで良いのだよ」

「みんなが考えたこと、それぞれが答えなのだよ」

そう答えるのが精一杯でした。


国語授業を通して、どのような力を身に付けさせるのか、何をできるようにさせるのか。

教師である私自身が意識すらできていなかったのです。

これは、国語授業の問題点として、しばしば言われることです。

授業を通して、どのような力を身に付けさせるのか、教師が明確にできていない。

授業を通して、どのような力が身に付いたのか、子どもたちが実感できていない。

教材で、どのような教科の力（「国語の力」）を身に付けさせれば良いのかが曖昧。

つまり、教師も子どもも身に付けるべき「国語の力」が曖昧なまま、授業を行っていることが、国語授業を難しく感じさせているのです。

国語授業で身に付けさせる「国語の力」は何なのか、それを身に付けさせるために、どのような方法で授業を行えば良いのかをずっと悩んでいました。

2　子どもたちに身に付けさせたい「国語の力」

悩んでいた私は、何か手掛かりを見付けようと、さまざまな研究会に参加しました。ある研究会で、次のような子どもたちの姿を見て衝撃を受けました。
・教師が指示しなくても、自主的に辞書引きをする姿。
・「音読」の指示だけで、ハリのあるのびやかな声でスラスラと音読をする姿。

・教師が指名しなくても、次々と意見を発表し、話し合いを行う姿。
その学級の子どもたちは、みんな口をそろえて言いました。

「国語の授業って楽しい」

学習していることが明確で、子どもたちが「できる・分かる」を実感している授業でした。

また、すべての子どもたちに活躍の場が保障された授業でした。

「国語の授業が楽しい」という子どもたちを育てたい。自分もこのような授業を行いたい。

そういう想いから、同僚の先生方に質問したり、研究会や学校公開に参加したり、本を読んだりしました。学んでいくうちに、子どもたちが「楽しい」と言う国語授業には共通点があることに気付いたのです。

子どもたちが、とことん言葉にこだわっている

「今の意見で出た□□という言葉を、辞書で調べたんですけど……」
「教科書に、△△と書いてあります。こう書かれているということは……」
「Aさんの考えで、○○という言葉がいいと思いました。私も同じで、○○が理由なら……」

国語授業に熱中する学級の子どもたちは、言葉にこだわっていたのです。

そして、言葉にこだわれるように、教師のさまざまな工夫や指導の跡が見られました。

分からない言葉に出会ったとき、すぐ辞書引きが行えるように手元に辞書が置かれている。

話し合いでの焦点が逸れそうになったときは、教科書の本文に立ち返っている。

友だちの意見を真剣に聞いて、その意見をもとに「○○さんの言葉から……」と発言している。

そこで、私は「言葉にこだわる力」こそが「国語の力」だと考えるようになりました。

教科書に書かれた言葉、教師が発する言葉、子どもたちが発した言葉……。

見過ごしてしまいそうな言葉、聞き流してしまいそうな言葉、国語授業で扱うすべての言葉に、子どもたちの意識を向けさせる（こだわらせる）ことができれば、授業はきっと変わる。

言葉にこだわる子どもたちを育てるためには、どのような国語授業づくりを行えば良いのかを考えて、自身の授業を改善していくように意識しました。

すると、**「どんな場面で」「何に（何を）」**注目して、**「どのように」**授業をつくっていけば良いのかという新たな悩みが出てきました。

その悩みを解決する一つの手立てとして、教師の「こだわり」という視点が生まれたのです。

3　国語授業における悩みを打破する「こだわり」

教師の「こだわり」の定義については、まえがきで述べました。

国語授業づくりの「こだわり」とは
言葉にこだわる子どもを育てるための、教師の「こだわり」
日常の国語授業で教師が打つ布石（ほんの少し意識して指導したいこと）

毎日の授業で起こり得るような場面を取り上げながら、**「どんな場面で」「何に（何を）」「どのように」教師がこだわれば良いのか**を、意識した授業づくりを行うようにしました。

それが「言葉にこだわる子ども」を育てることにつながったのです。

なぜ、教師の「こだわり」で、国語授業づくりを行うと良いのか。

それは、子どもたちに身に付けさせたい「国語の力」（指導事項等）は何なのか、そのために

どのような方法で授業を行えば良いのかを、教師自身が明確にした上で授業づくりを行えるから

です。

例えば、「語句のまとまりを意識しながら、スラスラと音読できる力を身に付けてほしい」と教師が考えていたとします。

そのための一つの方法として、音読の練習時間を保障するという必要があります。「チャイムと同時に音読開始。『止め』の合図があるまでに、できるだけたくさん読みなさい」これを学級のルールとすれば、練習時間を保障することができます。

身に付けさせたい力のために、「どんな場面で」「何に（何を）」「どのように」教師がこだわるかを考えれば良いのです。この例でいうと、

身に付けさせたい力……**語句のまとまりを意識して、スラスラと音読できる力**
「どんな場面」……**授業開始場面**
「何に（何を）」……**たくさん読ませることに**
「どのように」……**授業開始と同時に音読するという学級のルールをつくる**

語句のまとまりを意識して、スラスラと音読できる力を身に付けさせるために、授業における

ルールづくりに教師がこだわったということです。

別の例でも考えてみます。

「書かれた言葉を意識しながら、音読できる力を身に付けさせたい」と考えたとします。

そのときは、何人かを指名して一文を読むように指示します。

そして、次のように問うのです。

「誰の音読が一番良かったですか?」

教師が評価した上で、なぜその音読が良かったのかを全体に考えさせます。

すると、子どもたちは教科書に書かれている言葉「力強く」「小さな」など（叙述）に注目し始めます。

こうした教師の発問や評価方法も一つの「こだわり」だと言えます。

身に付けさせたい力のために「どんな場面で」「何に（何を）」「どのように」教師がこだわるか。

身に付けさせたい力……**書かれている言葉（叙述）を意識して音読できる力**

「どんな場面」……**何人かを指名して音読させた場面**

「何に（何を）」……**一人一人の音読の違いに**

「どのように」……**「誰の音読が一番良かったですか？」という発問をする**

書かれている言葉を意識して音読できる力を身に付けさせるために、叙述に目を向けさせる発問づくりや評価方法に教師がこだわったということです。

国語授業づくりの「こだわり」を生み出すには、以下のような考え方が必要です。「言葉にこだわる子どもを育てる」ために、「身に付けさせたい力」は何かを明確にする（必ずしも学習指導要領の指導事項と重なるとは限りません。子どもや学級の状態に合わせます）。

本書では、子どもたちに身に付けさせたい力を11に分類して取り上げています。それぞれの力を身に付けさせるために、教師が「どんな場面で」「何に（何を）」「どのように」こだわればよいのか、前述のような「こだわり」を紹介しています。

ただし、その「こだわり」にも段階があります。

先程の音読の例で考えると、「スラスラ音読できる力」が、まだ身に付いていないのに、「誰の音読が一番良かったですか？」と発問しても意味がないのです。スラスラと読めた子の読みが良かったということにしかなりません。

そのため、**「どんな場面で」「何に（何を）」「どのように」教師がこだわれば良いのか**は、目の前の子どもたちの段階に合わせて変化させていく必要があります。

4 「こだわり」には三段階ある

国語授業づくりの「こだわり」には、三段階あると考えています。

Ⅰ 「学び方を教える」ためのこだわり
Ⅱ 「学びを引き出す」ためのこだわり
Ⅲ 「学びを広げる」ためのこだわり

Ⅰ 「学び方を教える」ためのこだわり

語彙を増やしたり、読み取りに必要な学習用語を学ばせたり、学習を進めるうえでの基礎体力を身に付けさせるための「こだわり」です。

まず、子どもたちに基礎体力を定着させて、授業を安定させます。

学びに向かう姿勢を教えたり、学びに対する学級の空気を整えたりします。そのための「こだわり」として、「学習環境の整備」「教室掲示」「学習ルールづくり」「授業システムづくり」「見方・考え方を教える」などがあります。

Ⅱ「学びを引き出す」ためのこだわり

子どもたちが身に付けた基礎体力、知識、技能を授業の中で活用していけるようにするための「こだわり」です。

子どもたちの多様な考えを引き出し、授業に生かしていきます。

子どもたちの考えにズレを生じさせたり、出された意見を全体に返したりすることで、授業を活性化させます。そのための「こだわり」として、「言葉掛け」「指示」「発問」などがあります。

Ⅲ「学びを広げる」ためのこだわり

子どもたちが自主的に学んだり、誰かの考えを生かし広げたりしていけるようにするための「こだわり」です。

子どもたち同士の学びを生み出したり、誰かの考えを波及させたりしていきます。

そのための「こだわり」として、「価値付け」「学びたくなるような学習活動」「説明、討論など言語活動の設定」などが考えられます。

まえがきで紹介した、

「僕、今、国語を堪能してるわ」

この発言は、学び方を教え、学びを引き出し、学びを広げるという「こだわり」の三段階を経たからこそ生まれた発言だと見ることができます。どういうことなのかを「語彙指導のこだわり」三段階に沿って説明します。

Ⅰ「学び方を教える」ためのこだわり

この発言は、授業で満たされている思いを直接的な表現ではなく、「堪能」という言葉で表現しているわけです。「堪能」という言葉を知らなければ、使うことはできません。

語彙を増やし、定着を図るためには、まず「学び方を教える」必要があります。

例えば、授業中「満足」という、子どもの発言があったとします。

そのときが「こだわり」のチャンスです。

「『満足』って、どのような意味だろう?」

と教師が聞いて、辞書引きをさせるのです。

発言を受けて、すぐに辞書引きができるには、手元に辞書がなければいけません。

- **授業中、辞書は手元に置く**
- **言葉の意味が気になったときに、いつでも辞書を引いて良い**

こうした「環境の整備」「学級ルール」が、**「学び方を教える」ための「こだわり」**です。

＝「学びを引き出す」ためのこだわり

「語彙力」がある程度、身に付いた学級であれば、次のように聞いてもよいかもしれません。

「満足している気持ちを表すのに、他に、どのような言葉が使えるかな？　思い付くだけ挙げてごらん」

すると、子どもたちはさまざまなことを発言したり、書いたりします。

「嬉しい」「満たされている」「やったー」「納得」「完璧」

辞書を引いて、「充分」「満喫」という言葉はどうかと提案する子がいるかもしれません。

そこで、さらに教師が発問するのです。

「授業に満足している気持ちを表すのにふさわしい言葉を、一つ選ぶとしたらどの言葉かな？」

すると、「授業の満足感は……」「遊んでいるときの満足感は……」「食事のときの満足感は……」とさまざまに検討を始めます。

- **子どもたちから出された意見をもとに、多様な考えを引き出すための発問・指示**
- **考えのズレを生かして、授業を展開していくための発問**

こうした「発問」や「指示」が、**「学び方を引き出す」ための「こだわり」**です。

Ⅲ「学びを広げる」ためのこだわり

「僕、今、国語を堪能してるわ」

という、子どもから出た発言や考えを生かし、学級全体に広げることもできます。

「今、素敵な言葉がとび出したよね」

と、教師が発言の価値付けを行います。または、

「今、素敵な発言がとび出したのだけれども、誰も気付かなかったか。残念」

と、少し煽るように返しても良いかもしれません。

子どもの発言を、**教師が価値付ける**と、価値ある言葉として学級全体に広がっていきます。**誰かの考えを学級全体に波及させていく**イメージです。また、**「授業の楽しさを表す言葉ランキング」**や**「『堪能』を使った文章づくり」などの、学習活動**につなげることで、子どもたちの自主的な学びを引き出すこともできます。そうした「こだわり」が**「学びを広げる」ためのこだわり**です。

このような「こだわり」の三段階を意識した授業をし続けていた結果、先の例のような子どもの発言が生まれたと考えています。

「言葉にこだわる子ども」とは、どういう状態をいうのか。

なぜ、教師の「こだわり」で、国語授業づくりを行うと良いのか。

どのような「こだわり」があるのか。「こだわり」には、どのような段階があるのか。


国語授業づくりの「こだわり」のイメージが湧いてきたでしょうか。


次章からは、「言葉にこだわる子どもを育てる」ために、子どもたちに身に付けさせたい力の11の分類をもとにした、33の「こだわり」を紹介していきます。

身に付けさせたい力の11分類は、どのページから読んでいただいても結構です。

ただし、11の分類にも、指導の段階があると考えています。

〈基礎・基本〉
毎日の国語授業や生活全般でこだわりたいこと
漢字指導、語彙指導、音読指導、一文字へのこだわり、教科書へのこだわり

〈活用〉

子どもたちの発言やノートに書かれた意見をもとに、機会を捉えてこだわりたいこと
聞くこと指導　話すこと指導、書くこと指導、叙述へのこだわり

〈応用・発展〉

単元の内容や学級の状態によってこだわりたいこと
読むこと指導、対話へのこだわり

必ずしも、明確に線引きできるわけではありませんが、このような指導の段階を意識して、身に付けさせたい力11を分類しました。

本書で紹介する「こだわり」をもとに、ぜひ、ご自身の学級の子どもたちに合わせた「こだわり」を生み出していってください。

第2章

国語授業の「こだわり」33

1 漢字指導のこだわり

「覚える漢字」から「楽しむ漢字」へ！漢字に対する意識転換を図る

「この作品は、〝ひげき〟だよね。」

「この作品は、〝悲劇〟だよね。」

二つの表記を見比べて、どちらが「悲劇」の印象がより伝わってくるでしょうか。

おそらく後者ではないでしょうか。

表意文字という漢字の特質が、言葉から受け取る印象を変えているのです。


漢字が読めたり、書けたりすると、言葉から受け取る印象がガラッと変わる

漢字学習を行うときに、漢字を学ぶことの良さを子どもたちに伝えているでしょうか。

漢字が苦手な子どもの多くは、次のように考えています。

「漢字は覚えるもの」

「漢字は繰り返し何度も書かないと覚えられない」

「筆順が多い漢字は覚えるのが難しい」

そのため、「やらされ感」満載で漢字学習に取り組もうとします。

そこで、**漢字を学ぶことの良さを実感させ、漢字に対する意識転換を図る**必要があります。

次のような視点をもって、漢字指導の「こだわり」を三段階で考えると良いでしょう。

Ⅰ「学び方を教える」ためのこだわり

・漢字を学ぶことの目的を伝え、良さや楽しさに気付かせるための授業

Ⅱ「学びを引き出す」ためのこだわり

・誰かの漢字に対する見方を、全体で検討できるような発問の工夫

Ⅲ「学びを広げる」ためのこだわり

・誰かの発見を学級全体に波及させるような教師の価値付け

・自主学習を促すために、漢字の成り立ちや部首に着目させる学習活動

「覚える漢字」から「楽しむ漢字」へ！ 子どもたちの意識転換を図ることができれば、自主的に漢字学習に取り組む子どもたちが育っていきます。

「□が隠れている漢字は？」漢字を見る視点を与える

・身に付けさせたい力

漢字をいろいろな視点で見る力

・どんな場面

授業開き、新年度の授業、学期始め

・何に（何を）

読み、画数、筆順、形など漢字を見る視点

・どのようにこだわるか

授業を通して、漢字を見る視点を与える

学習した漢字を使わせる工夫を施す

漢字を学ぶことの良さや楽しさに気付くと、子どもたちは自主的に漢字学習に取り組むようになります。授業開きや新年度の授業で、漢字を学ぶ良さや楽しさに気付かせます。

漢字を学ぶことの良さや楽しさに気付かせるに、漢字を見るためのいろいろな視点を与えます。

いろいろな視点とは、読み、画数、筆順、形、部首、意味、成り立ちなどです。

新出漢字の学習を始める前に、漢字を見るためのいろいろな視点を子どもたちに与えます。

そのための授業の実際を紹介します。どのような視点を教師が与えているのか、考えながら読んでみてください。

「小学校一年生　学習漢字全八十字」の表を使った授業

まず、「小学校一年生　学習漢字全八十字」の表が印刷されたプリントを配付します。

「読めますか？　それぞれで読んでごらん」**（「①読み」の視点）**

指示してそれぞれで読ませた後、問います。

「画数が一番少ない漢字はどれですか。見付けて○で囲みます」**（「②画数」の視点）**

「画数が一番多い漢字はどれですか」**（「②画数」の視点）**

このとき、積極的に意見を言った子どもを「チャレンジしているね」とほめました。その姿を見て、（次は自分が意見を言うぞ）と、ほかの子どもも前のめりになってきました。

「みんな集中して前のめりになってきたね」（**漢字学習に向かう姿勢を認める**）

そうほめてから、続けて問いました。

「漢字の中に□が隠れている漢字を探します。例えば、石などです」（**「③形」の視点**）

子どもたちはさらに前のめりになり、意見を発表していきます（目、百、白……）。

途中、質問が出ました。

「『五』もいいんですか？」

「みんなは、どう思う？」（**ある子の見方を全体に広げる**）

「じゃあ、『年』もありだと思う」

どんどん意見が出てきます。意見が出尽くしたところで問いました。

「漢字二字を使って、熟語をつくります。例えば、「森林」などです。使った漢字は／で消していきます。できた熟語は、①、②……と箇条書きしていきます」（**「④漢字の意味」の視点**）

「夕日ができた」「学校もつくれる」「草花もいいんじゃない」

友だちの意見を聞いて、子どもたちは自分のプリントにどんどん書き足していきます。

この授業では、楽しみながら漢字を見る視点を与えています。

①読み　↓　②画数　↓　③形　↓　④漢字の意味

漢字に苦手意識をもっている子も取り組みやすいように、易から難の組み立てになっています。できた熟語を使って、**⑤文や文章をつくる**という学習につなげることもできます。熟語を一つ使えた文は10点、二つ使えた文は20点というように点数をつけると熱中して取り組みます。

漢字は、繰り返し何度も使うことで定着します。

漢字を見る視点を与えて終わりではなく、定着させるために使わせる工夫もしています。

新出漢字を学習したときには、いろいろな視点で漢字を見る。そして、熟語をつくったり、文や文章をつくったりして使うようにする。漢字学習の仕方を教えているのです。

授業を通して漢字を見る視点を与えて、学習した漢字を使わせる工夫が「こだわり」です。

新出漢字を学習するときに「読みが三種類」「十六画」「□が２つ」「熟語をつくるなら……」「文をつくるなら……」と、漢字を見る視点を与え、繰り返し指導していきます。そうすると、自主的に漢字学習に取り組むようになっていきます。

こだわりポイント

授業を通して、漢字を見るための視点を与える。
漢字を定着させるために、熟語や文にして使わせるように仕組む。

漢字指導

step 1 学び方を教える

step 2 学びを引き出す

step 3 学びを広げる

「どのような漢字を書きますか」漢字を人に説明できる力を

- **身に付けさせたい力**

漢字を人に説明できる力

- **どんな場面**

「どんな漢字を書くんですか?」という声があがったとき

- **何に（何を）**

漢字を人に説明するときの方法

- **どのようにこだわるか**

部首や熟語を使って説明させる

自分の名前の漢字や地名の漢字を説明させる

「いろいろな視点で漢字を見る力」が身に付いてきたら、その力を日常の学習や生活にも生かしていきます。例えば、新出漢字を学習したときに、**漢字を見る視点を使って、人に説明したり、教えたりさせる**のです。また、子どもたちから「どんな漢字を書くんですか？」というような声があがったときをとらえて、漢字を人に説明する方法を考えさせます。

実際にあった授業でのやりとりから、漢字を人に説明する方法を考えてみます。

授業中、Ｓさんから声があがりました。

「半径の〝けい〟っていう漢字、どう書くんだったっけ？」

このとき、Ｒさんが、次のように答えました。

「〝ぎょうにんべん〟に、〝また〟に〝つち〟です」

「半径」の「径」の漢字を、部首と二つの漢字に分解して説明してくれたのです。

「部首とそれ以外に分解したり、その漢字を使った熟語を考えたりしておくと覚えやすいよ」

実際の授業場面で、いろいろな視点で漢字を見る力を使って、漢字を人に説明したのです。

漢字をいろいろな視点で見ることを促し続けた結果、**赤鉛筆を使って部首を○で囲んだり、漢字を使って熟語や文を考えたりする**子どもたちが増えていきました。

「〝ぎょうにんべん〟に、〝また〟に〝つち〟です」

この説明の仕方は、これまでの学習の成果が表れたのでしょう。

ちょうど良い機会だと思い、次のような話を子どもたちにしました。

「どのような漢字なのかを人に説明できる力は、大人になったときにも役立つのだよ」

例えば、電話でのやりとりで、次のように聞かれることがあります。

「（お名前は）どのような漢字を書くのですか？」

このようなときに「〝ぎょうにんべん〟に、〝また〟に〝つち〟です」のような説明ができると相手も分かりやすいことを子どもに伝えました。**（部首とそれ以外に分解）**

私は、「牧場の牧に、公園の園で、牧園です」と説明します。**（他の熟語と結び付ける）**

自分の名前の漢字は、どのような説明ができるのか、子どもたちにも考えさせ、考えをノートに書いて、みんなで交流させました。


この授業でのやりとりのように、「どんな漢字を書くんですか」という声があがったときが、漢字を人に説明する力を付けるチャンスです。

「〝ぎょうにんべん〟に、〝また〟に〝つち〟です」

「なるほど、**部首とそれ以外に分解**して説明したのだね」

そう教師が意味付けた上で、問います。

「ほかに、どんな説明の仕方があるだろうね」

熟語と結び付けて説明する方法や、**違う読みで**説明する方法などを、ほかの子からも考えを引き出して、漢字を人に説明するときの方法として、みんなの共有財産にしていきます。

漢字を人に説明する仕方は、実は、漢字を覚えるための方法でもあります。

漢字を説明するときの方法をいくつか身に付けた上で、

「自分の名前の漢字を説明するには？」「住んでいる地名の漢字を説明するには？」

と、学んだことを活用させるように発問を仕組みます。

電話でのやりとりを、実際の場面を想定して説明させると盛り上がります。

その説明が妥当かどうかを、みんなで検討することで、漢字に対する見方がより深まります。

漢字を見る視点を使って、漢字を説明させる学習は、日常にも生きて働く、漢字の学習方法といえるのではないでしょうか。

こだわりポイント

「どんな漢字を書くんですか？」漢字を説明する方法を引き出す。名前などに使われている漢字を説明させて、日常生活へつなげる。

「漢字の仲間集めができますか」一人の学びを広げる学習活動を

- 身に付けさせたい力

日常生活で進んで漢字を使う力
自主的に漢字を学習する力

- どんな場面

漢字について自主学習に取り組んだ子がいたとき

- 何に（何を）

自主学習での取り組み内容など

- どのようにこだわるか

教師が価値付けて、学習活動へとつなげる
取り組みを教材として授業する

「いろいろな視点で漢字を見る力」、「人に漢字を説明できる力」を身に付けると、それらの力を生かして、子どもたちは自主的に漢字の学習に取り組むようになります。

この段階になると、教師がすることは次のことです。

○一人の子の漢字への追究心を全体に広げる

○追究心に火をつける学習活動を仕掛ける

ある子が、自主学習で漢字について「部首ごとに分類」「画数で分類」をして調べてきました。

この学びを教師が価値付けて、子どもたちの自主的な学習活動へとつなげます。ある子が調べてきたことを授業で扱うのです。教師に与えられた学習活動ではなく、子どもたち発で出てきた学習活動だと思わせることで、子どもたちの取り組む意欲が高まります。また、新たな学習活動を生み出そうとする子が出てきます。

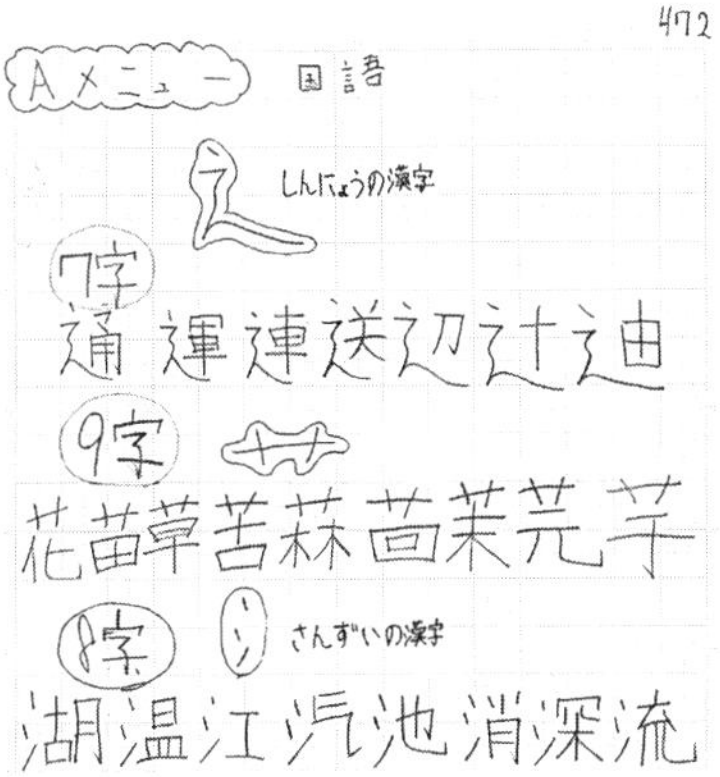

上のノートを例に挙げて、授業の実際を見てみましょう。

「Bさんが、自主学習で漢字のことを調べてきたんだよ」

そう言って、Bさんのノートを提示する（コピーして配付してもよい）。

「何について調べてきたか、分かりますか？」

ここであえて「教師が解説しない」ことが重要です。**子どもたちに説明をさせる**ことで、全員の漢字を見る力を確認することもできます。

「同じ部首の仲間を集めてきている」「しんにょうの漢字や、さんずいの漢字を集めている」などの意見が出ます。このあと、続けて問います。

「これ以外にも、同じ〇〇で漢字の仲間集めができますか？」

（読み、画数、部首など、**別の分類の仕方**を考えさせることができる）

「この中で、一つだけ種類が違う漢字が分かりますか？」

（子どもたち自身で、**漢字の分類に意味付け**が行えるようになる）

「都道府県名に使われている漢字はいくつありますか？」

（**他教科の学習内容と関連**させることで、他教科でも漢字を意識的に見るようになる）


このように、**ある子の学びを、教師が価値付けて**（同じ部首の漢字を集めている、同じ画数の漢字を集めている）**授業で扱い、同じような学習活動があることをちらつかせる**のです。

「同じ○○（「読み」「部首」「画数」）の漢字の仲間集めができますか」「集めた漢字を使って、文や文章がいくつつくれますか」

すると、自主的に「同じ○○の漢字集め」の学習に取り組む子や、「同じ○○の漢字を使った文章づくり」に取り組む子たちが出てきます。それらの取り組みを、また授業で扱うことで、どんどんと漢字の自主的な学びが広がっていきます。

例えば、都道府県の漢字といって、都道府県名を自主学習でまとめてきた子がいました。この学びも、教師が価値付けることで新たな学習活動（「同じ部首が使われている都道府県漢字はどれだろう」「漢数字が使われている都道府県漢字は？」）を生み出すことができます。

楽しんで漢字の学習に取り組んでいる姿を見付けては、価値付け、学習活動を学級全体に広げます。そうすると、教師が指示をしなくても、休み時間や家庭学習を利用して、自主的に漢字学習に取り組むようになります。

こだわりポイント

一人の学びを全体へと広げる。
自主学習の取り組みなどを教師が価値付け、学習活動につなげる。

2

語彙指導のこだわり

辞書引きの機会を保障！周辺語にこだわらせて語彙力を高める

「『あつらえる』ってどういう意味だろう？」

子どもから、こういう声があがったときは語彙力を高めるチャンスです。

語彙力を高めるには、言葉の意味について疑問をもったときに調べさせたり、その言葉を使った文を考えさせたりすることが必要です。語彙の定着度合いが変わってきます。

言葉に疑問をもったときが、語彙力を高めるためのチャンス

子どもが言葉に疑問をもったときに、すぐに辞書が引ける環境が整えられているでしょうか。いつでも辞書を引いて良いという学級ルールづくりがなされているでしょうか。

環境を整えて、学級ルールづくりを行っても、それだけでは、子どもたちは自主的に辞書引きを行うようにはなりません。子どもたちの辞書引きの機会を保障するためには、教師の働きかけが必要です。また、冒頭に書いたように、「『あつらえる』ってどういう意味だろう？」と、知らない言葉に出会ったときに、立ち止まる習慣を身に付けさせることも、語彙力を高めるためには必要なことです。

これらのことを踏まえて、語彙指導のための「こだわり」を三段階で考えました。

Ⅰ「学び方を教える」ためのこだわり

・言葉の意味について疑問をもったときに、いつでも辞書引きが行える環境づくり

・言葉に疑問をもったときには、いつでも辞書引きをしてよいという学級ルールづくり

Ⅱ「学びを引き出す」ためのこだわり

・辞書引きをする機会を保障するための、教師の働きかけ

・知らない言葉に出会ったときに、立ち止まる習慣を身に付けさせるための教師の発問

Ⅲ「学びを広げる」ためのこだわり

・一つの言葉から、周辺語を意識させるための学習活動

言葉にこだわる子どもを育てるために、語彙指導は極めて重要です。子どもたちが言葉に疑問をもったときが語彙力を高めるチャンスだと捉えて、布石を打っていきましょう。

辞書引きのための環境づくり、辞書引きの機会を確保

- 身に付けさせたい力
  言葉にひっかかったときに辞書引きを行う力
- どんな場面
  四月の国語授業
- 何に（何を）
  辞書を置く場所
  辞書引きをして良い時間
- どのようにこだわるか
  いつでも辞書引きが行える環境づくりを徹底する
  いつでも辞書引きを行って良い学級ルールを周知する

語彙力を高めるために、必要なことが四つあります。
〇言葉にひっかかること（**言葉に疑問をもつ**）
〇疑問をもったとき、すぐに辞書引きを行うこと（**言葉の意味を調べる**）
〇周辺語を考えること（**言葉の範囲を広げる**）
〇言葉を使って文や文章をつくること（**言葉を使う**）

知らない言葉に出会ったときに「どういう意味だろう」という疑問は誰もがもつでしょう。

重要なことは、疑問をそのままにさせないことです。

疑問をもった瞬間に、辞書引きが行える環境であり、辞書引きを行う習慣が身に付いていると語彙力を高めることにつながります。

子どもたちが「どういう意味？」と言葉にひっかかったときに、辞書はどこにありますか。

言葉にひっかかったとき、手の届くところに辞書がある（辞書引きのための環境づくり）

私の学級では、机の横に布袋をかけて、その中に、辞書を入れていました。

椅子の背もたれに辞書が入れられるような布袋を付けている学校もあります。

学習のときには、机の上に辞書を置くという学級ルールをつくることも一つの方法です。

そうすることで、いつでも言葉にひっかかったときに辞書を引くことができます。

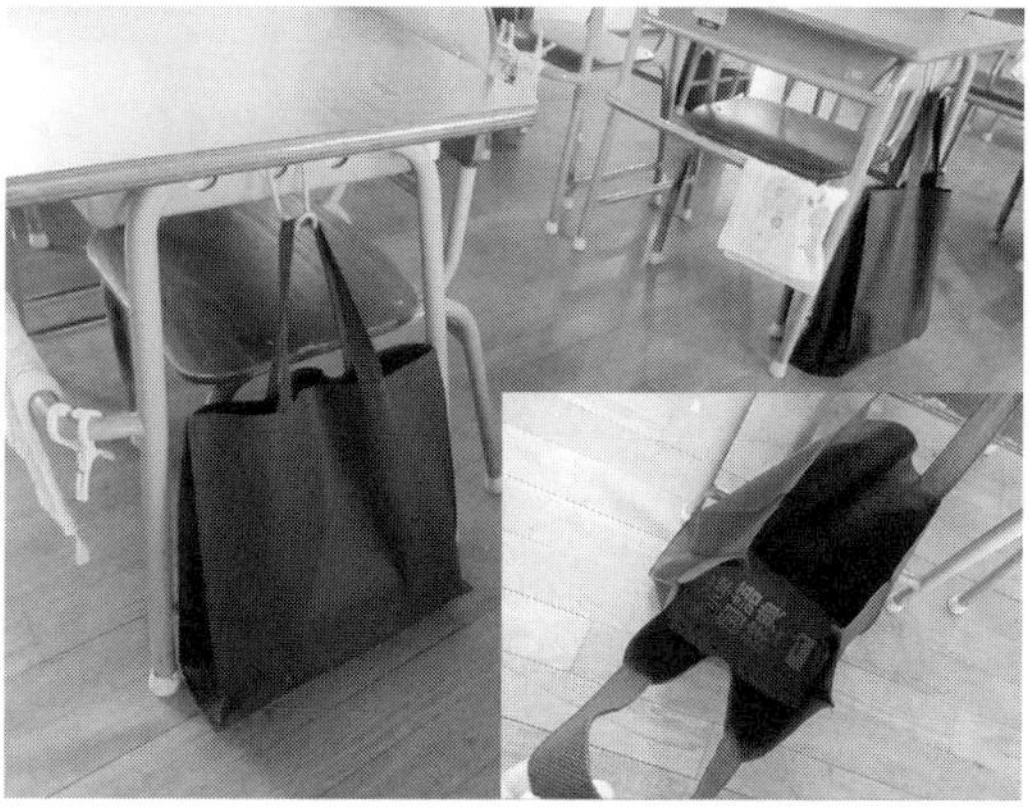

単純なことですが、辞書をすぐ近くに置くことの意味はとても大きなものです。

国語の時間だけに、辞書を引いていても子どもたちに語彙力は身に付きません。算数の時間、社会の時間、休み時間、言葉にひっかかったときは、いつでも辞書を引くようにするからこそ語彙力が身に付くのです。

これは野球のノックに似ています。頭で打球の捕り方を理解しても上達しません。辞書の引き方を理解しているだけでなく、ノックと同じように何度も繰り返し自分で引くから辞書引きも上達します。速く引けるようになると、その分たくさんの言葉の意味を調べることができます。

言葉にひっかかったときにいつでも辞書引きを行えるように、学習環境を整え、繰り返し自分で引くことが重要なのです。

そのため、いつでも辞書引きを行って良いという学級ルールをつくることも必要です。

言葉にひっかかったときは、いつでも辞書を引いて良い（辞書引きの機会を確保）

また、教師自身が言葉にひっかかったときに、辞書引きを行う姿を見せることも大切です。

私は、学期始めの授業では、辞書引きの姿を意図的に子どもたちに見せています。

「あれ、〇〇ってどういう意味だったかな？」

ボソッとつぶやき辞書引きを行います。その姿を子どもたちも真似るようになります。

こだわりポイント

いつでも辞書引きが行える環境づくりを行う。
いつでも辞書引きを行ってよい学級ルールづくりを行う。

「意味を全部説明できますか？」教師が不親切になる

- 身に付けさせたい力
  言葉へのひっかかりをそのままにしない力
- どんな場面
  言葉にひっかかったとき
- 何に（何を）
  自主的な辞書引き
- どのようにこだわるか
  意味を説明できない言葉は辞書引きをさせる
  教師が不親切になる

辞書引きのための環境づくりを行い、辞書引きの機会を確保するための学級ルールを決めました。しかし、辞書引きを子どもたち任せにしていては、なかなか習慣にはなりません。

辞書引きを習慣にするための手立てが必要になります。

そこで、二つの手立てを紹介します。

〇辞書引きを毎日の授業の中に組み込む

〇教師が不親切になり、自主的に辞書引きを行うように促す

例えば、私のクラスでは毎日取り組む学習に、漢字ドリルがあります。

漢字ドリルの学習の中に、辞書引きを組み込むのです。

漢字ドリルの学習では子どもによって、取り組みに時間差が生じます。

書くスピードが速い子どももいれば、じっくり時間をかけて取り組む子どももいます。

こうしたときに生じる時間差を、辞書引きの時間に利用します。

漢字ドリルには、新出漢字を使った熟語や文が書かれています。

その意味を問うわけです。

「熟語が、どういう意味なのかを全部説明できますか?」

子どもたちは曖昧にしか答えられません。

そこで、指示するのです。

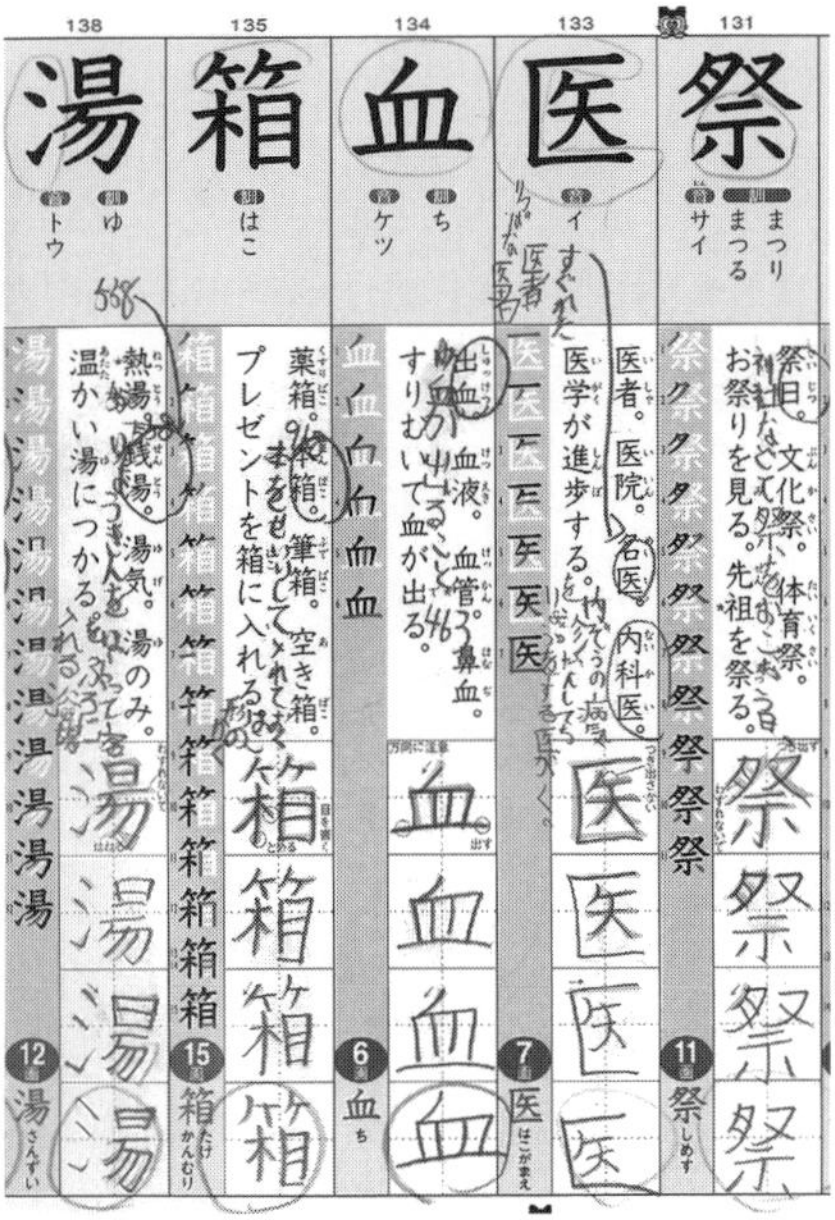

『あかねこ漢字スキル3年3学期』（光村教育図書）2017年度版より

「意味を説明できない言葉は辞書引きをして、その意味を書き込みます」

意味を説明できない言葉は、辞書引きで意味を調べて、漢字ドリルに書き込ませるようにします。

ドリルに限らず、教科書の言葉、教師、友だちの発言でも同様に行うことができます。

このような学習の流れをつくっておくことで、毎日辞書引きを行わせることができます。

また、教師が不親切になるということも効果的です。

「〇〇って、どういう意味ですか？」

授業中、よく子どもたちから聞かれる声です。

そのときは、次のように返します。

「どういう意味だと思いますか？」

教師が答えられることでも、子どもたちに返します。

辞書引きのための環境づくりや、辞書引きをいつでも行って良いという学級ルールができていれば、言葉にひっかかった瞬間に辞書に手を伸ばす子が必ずいます。そこで、その行為を取り上げて価値付けるのです。

「言葉にひっかかった瞬間に、辞書に手が伸びている人がいました。語彙力がどんどん高まりそうですね」

このように、教師の働きかけで、言葉へのひっかかりをそのままにしない力が高まります。

こだわりポイント

辞書引きを毎日の授業の中に組み込む。
教師が不親切になり、子どもたちの自主性を引き出す。

「言い換えられますか？」同義語等を考える習慣を

- 身に付けさせたい力

言葉をいろいろな視点で見る力

- どんな場面

たくさんの言葉を扱う授業

- 何に（何を）

言葉の周辺語を考える習慣

- どのようにこだわるか

別の言葉で表現させる
同義語、類義語、対義語を問う

言葉にひっかかりをもち、ひっかかりをもったときに辞書引きを行うことが習慣になったとします。でも、それだけ語彙力が高まったとは言えません。

言葉を使える状態になってこそ、語彙力が高まったと言えます。

語彙力が高い　＝　言葉を使える

では、言葉を使えるようにするためには、どうすれば良いのでしょうか。
ある本に、次のように書かれていました。

> 「言い換え力」を鍛える
> 私が、言葉を使えるようにするために鍛えているのは「言い換え力」だ。
> ～中略～
> 人は言葉によって人の能力や人柄を読み取る。その際、手掛かりになるのは、ほぼ同じような内容をどのような表現を用いて語るかだ。
>
> 樋口裕一（2019）『「頭がいい」の正体は読解力』幻冬舎新書　P．33

「言い換え力」を鍛えれば、語彙力が高まると考えます。

そのための授業の実際を紹介します。できるだけたくさん知っている言葉を出させた上で、その言葉に関する周辺語を出させ、さらに、周辺語を使って文や文章を考えさせています。

「○ん○ん」


「○ん○ん」と板書。

「○に一文字ずつ入れて言葉をつくります。どんな言葉ができますか?」

「あんしん」「たんめん」「ぺんぎん」「カンカン」などの意見が出る。

「『カンカン』のように、音や様子を表す言葉のことを何というのでしたか?」

「オノマトペ」(擬音語、擬態語)※今回は、オノマトペはなしにすると伝える。

書けた子から、黒板に板書していきます。

「かんたん」「げんきん」「おんせん」「まんしん」……など、多くの意見が出てきます。

板書された言葉、それぞれに番号を付けていきます。

「前に書かれた言葉を、全て漢字になおします。番号を書いてノートに書きなさい」

書けた漢字は、意見を出した子に確かめさせます。もちろん、辞書引きも許容します。

ここで書かれる漢字に、ズレが生じます。例えば、「おんせん」は、「温泉」、「音線」、「音専」など。自分が考えていなかった言葉に触れさせることができます。

漢字になおし、意見が出尽くしたところで次のように問います。

「『かんたん（簡単）』を別の言葉に置き換えられますか。簡単を言い換える言葉を考えます」

（**周辺語を考えさせて、言い換え力を鍛える**）

「板書されている別の言葉でも同じように考えます。言い換える言葉、反対の意味の言葉を考えてノートに書きなさい」

最後に、出てきた言葉を使って、文や文章を書かせました。

ある子のノートには、次のように書かれていました。

「今日のじゅ業は、「○ん○ん」という言葉を考えるじゅ業だった。初めはかんたんかなと思っていたけど、やってみるとむずかしかった。かんたんを言いかえる言葉や、反対の意味の言葉を考えて、文や文章をつくってみると言葉の力がついた気がする」

この授業のように、知っている言葉をできるだけたくさん出させて、出てきた言葉の周辺語を考えさせ、文や文章をつくらせることで、楽しみながら語彙力を高めることができます。

こだわりポイント

知っている言葉を別の言葉で言い換えられないかを考えさせる。
一つの言葉の周辺語を考えさせ、文や文章をつくらせる。

3
音読指導のこだわり

明確な評価を！その読み方である根拠を求め、音読の力を高める

（わしももう年を取ったし、近ごろは冬ごもりのしたくさえ、たいへんになってきた、どこかでほしきのこでも買って、今年はのんびり冬をこすとしよう。）

物語「はりねずみと金貨」（東京書籍三年下）の中の一文です。

皆さんの学級の子どもが音読したときに、どのような音読になるでしょうか。

・大きな声？　小さな声？　スラスラ？　ゆっくり？　高い声？　低い声？　間の取り方は？

音読の力を高めるための一つの方法として、教師の明確な評価が挙げられます。

前述の一文を、子どもが元気よく音読したときに、どう評価すれば良いでしょうか。

・「　」で表記される会話文ではなく、（　）で表記される心内語であること

・「わしももう年を取った」「冬ごもりのしたくさえ、たいへん」という、はりねずみの人物像

・「のんびり冬をこすとしよう」という状況の設定

こうしたことを踏まえた上での音読になっているかを評価すれば良いのです。

叙述にこだわった音読になっているかを評価する

叙述にこだわった音読になっているかを評価する前提として、スラスラ音読できる状態になっている必要があります。また、繰り返し音読することで読みが深まる実感をもって、音読に取り組んでいる必要もあります。

そう考えると、音読指導の「こだわり」の三段階は、次のようになります。

Ⅰ「学び方を教える」ためのこだわり

・教材文と出会ったら、音読することが当たり前であるという学習システムづくり

Ⅱ「学びを引き出す」ためのこだわり

・叙述にこだわった音読をさせるための教師の評価

Ⅲ「学びを広げる」ためのこだわり

・作品全体を通しての読みを検討するための授業

音読をさせたら叙述などを根拠にして評価をします。なぜ、その音読が良いのかの理由を考えさせることが、音読の力をより高めることにつながります。

「もう読んでいますよね」読むことを当たり前にする

- 身に付けさせたい力

文や文章と出会ったら反射的に音読する力

- どんな場面

授業開き、四月の国語授業、学期始め

- 何に（何を）

たくさん音読すること

- どのようにこだわるか

音読回数が分かるように見える化する
教師も読んでいる姿を見せる

「音読」と聞いて、どのような授業場面をイメージするでしょうか。

詩や説明文、物語の授業で、教材文を子どもたちが音読している場面でしょうか。

子どもたちが音読しているのは、教師の指示があったからでしょうか。

音読の力を高める前提として、次のことが必要です。


文や文章と出会ったら、教師が指示しなくても反射的に音読する。


まずは、できるだけたくさん音読するための学習システムを教室に浸透させます。

例えば、自分の考えをノートに書いたり、作文を書いたりしたときにできる時間差を生かします。次の授業のように、たくさん音読することの大切さを子どもたちに伝えます。


「書けたら微音読しておく」


授業の最後に、今日の学習で学んだことを書かせていました。

何人かが書き終えたのが見えました。

Mさんが書き終えた文章を音読しているのが分かりました。

そこで、全体の手を止めさせて、次のように言いました。

「今日の学習で学んだことを書き終えた後に、自分が書いた文章を音読している人がいたよ。音読するからこそ、自分の書いた文章がそれで良いのか、もっと書き足せることがない

のか、より良い文章を考えることができるのだよ。（**なぜ音読が大切なのかの趣意説明**）
しかも、まだ書いている人がいるから、自分にだけ聞こえる声で読んでいた。そういうのを微音読と言うのだよ。（**小さな声で音読する微音読の説明**）
読みの力を身に付けるためには、音読がとても大事。だから、自分が書いた文や文章も、教科書の文章と同じようにできるだけたくさん音読できると良いね」

このように、ありとあらゆる文章を、反射的に音読することで読みの力が高まることを説明して、どのように音読すれば良いのかを教えます。

教科書の文章を読むときには、題名の横に○を10個書いて、一回読むごとに○を一つ赤鉛筆で塗りつぶす音読システムを子どもたちに説明していました。（**音読回数の見える化**）

自分が書いた文や文章、作文でも同じようにさせます（次ページ写真参照）。

文章を書き終えたら、何度も音読しようという意欲がうかがえます。

文章と出会ったら読む。文章を書いたら読む。

こういうことを学習システムとすることで、子どもたちからは、

「先生、書けたので読んでおきます」

という声が聞かれるようになり、自主的に音読するようになっていきます。

また、教師自身が文章と出会ったら反射的に音読する姿を見せることも効果的です。私は、教科書はもちろん、自分が書いた文章、配付物など、子どもたちの前で音読する姿を意図的に見せていました。そうした姿を見て、子どもたちも同じように音読するようになっていきます。

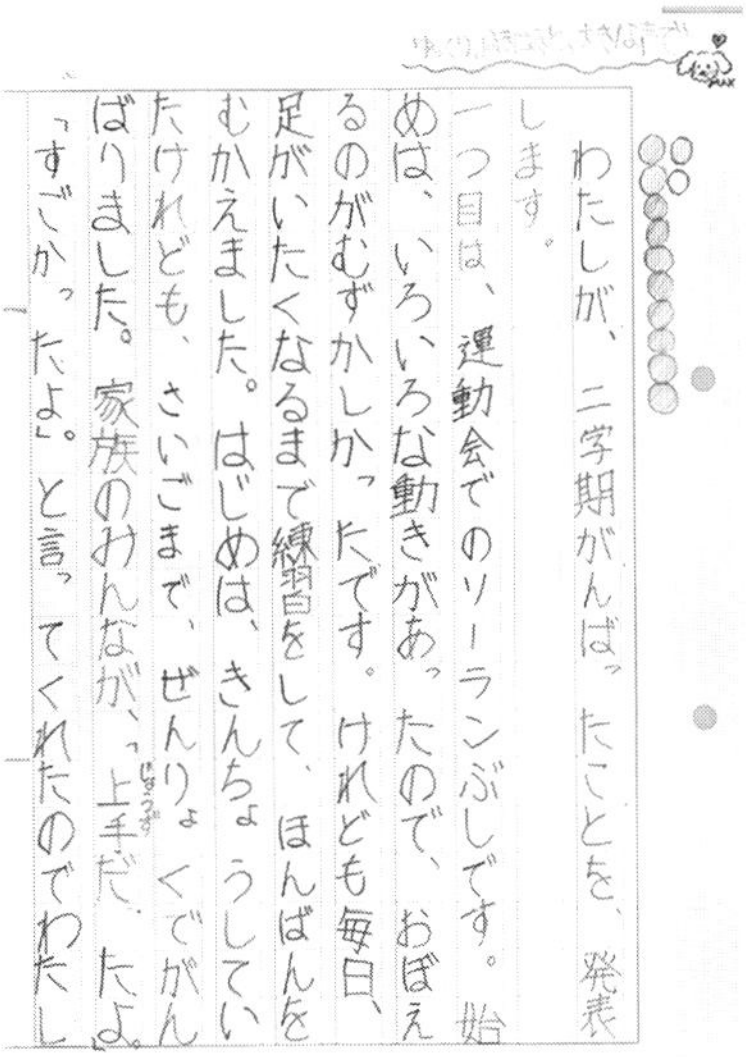
わたしが、二学期がんばったことを、発表
します。
一つ目は、運動会でのソーランぶしです。始
めは、いろいろな動きがあったので、おぼえ
るのがむずかしかったです。けれども毎日、
足がいたくなるまで練習をして、ほんばんを
むかえました。はじめは、きんちょうしてい
たけれども、さいごまで、ぜんりょくでがん
ばりました。家族のみんなが、「上手《じょうず》だったよ」
「すごかったよ。」と言ってくれたのでわたし

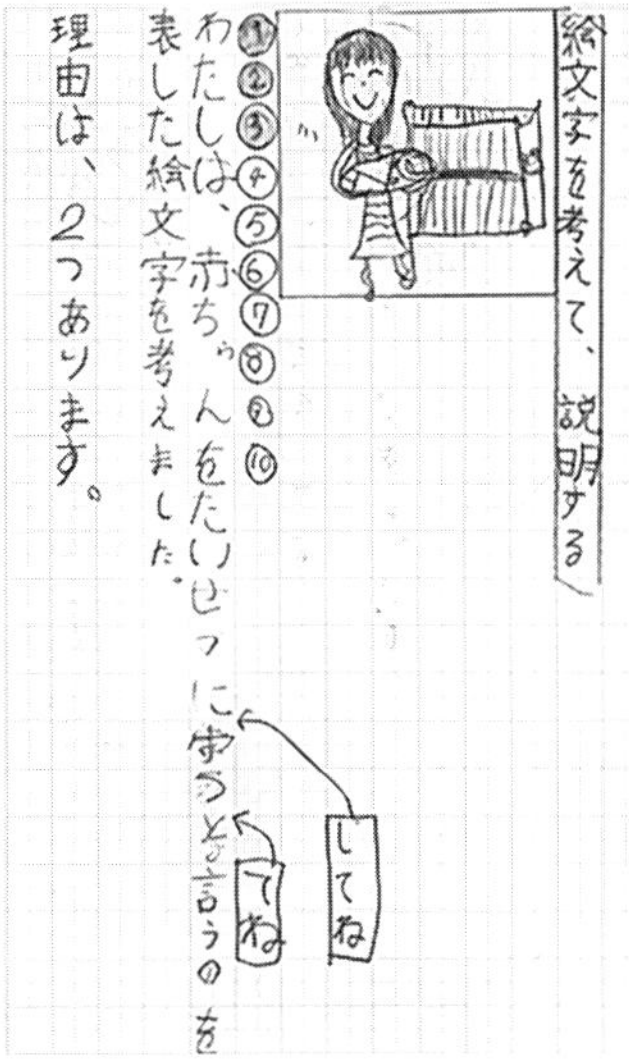
絵文字を考えて、説明する
①②③④⑤⑥⑦⑧⑨⑩
わたしは、赤ちゃんをたいせつにするどと言うのを
表した絵文字を考えました。
理由は、2つあります。

こだわりポイント

音読回数が分かるように見える化。自分が書いた文章も同様に。教師自身が文章と出会ったら反射的に音読する姿を見せる。

音読指導

step 1 学び方を教える
step 2 学びを引き出す
step 3 学びを広げる

「読み方にも正解・不正解がある」叙述にこだわった音読を

- 身に付けさせたい力
  叙述にこだわった音読の力
- どんな場面
  教材文を何人かに音読させたとき
- 何に（何を）
  一人ひとりの音読の違いに気付かせる
- どのようにこだわるか
  誰の読みが良かったのかを検討させる発問をする
  どう読めば良いのかを検討させる発問をする

どのような音読が良い音読なのかを、子どもたちに聞いたことがあるでしょうか。

子どもたちは次のようなことを答えます。

「大きな声で読めている」「スラスラ読めている」「間違えずに正しく読めている」

もちろん、これらは全て大切なことです。

ただし、音読を国語の読みに生かすために、さらに意識してほしいことがあると伝えます。

叙述にこだわった音読の力

書かれている言葉に注目して、教材文を音読するということです。

この力を身に付けさせるには、子どもたちに音読させたときに、どの音読が良いのかを教師が明確に評価する必要があります。次の授業の例をもとに考えてみます。

「読み方にも正解・不正解がある」

三年生『きつつきの商売』（光村図書）の授業。

この物語には、いろいろな「音」が出てきます。

第一場面では、きつつきが「コーン。」という音を「百リル」で売ります。

この音をどう読めば良いのか。ある列の四人を指名して読ませました。

音読を聞いて、私は言います。「大きな声で読めているね。でも、全員、不正解です」

「実は、この音の読み方には正解、不正解があります」

どのように読めば良いのかは、本文中に根拠があります。このことを子どもに伝えると、

「力いっぱいたたきました」「四分音符分よりもうんと長い時間」

何人かが、これらの言葉を見付けました。

教科書に書かれた言葉を踏まえた上で、もう一度全員で音読練習をしました。

その上で、先ほどの四人を指名します。

どの音読も、「力いっぱい」「四分音符分よりもうんと長い」を意識した音読でした。

この後、第二場面の「音」もどう読めば良いのか、教科書の言葉をもとに検討しました。


この授業では、「コーン。」という「音」をまず何人かに読ませて、

「全員、不正解です」

と、子どもたちを評価しています。この指導の肝は、順番にあります。

「教科書に書かれている言葉に注目して『コーン。』という音を音読してみよう」

そう指示してから、子どもたちに音読させるのでありません。まず、音読させた上で、

「全員、不正解です」

と評価します。

そのことで、音読をした子どもたちは、不正解である理由を考え始めます。

また、聞いていた子どもたちも、どうすれば正解の読みになるのだろうかということを考え出します。一人一人が言葉にこだわって音読するだけではなく、ある子の読みをもとにして教室全体に良い音読について考えることを促しているのです。

読んだ子たちだけではなく、全員に叙述にこだわる音読について考えさせているのです。

また、複数の子に音読させたときは、次のように問うことも有効です。


「誰の音読が、一番良かったですか？」


子どもたちは、どの音読がよかったのか、叙述にこだわった音読を考え出します。

「聞いてください」と、次々と音読に挑戦してきます。

叙述にこだわって、声の大きさ、速さ、間などを意識して音読するようになります。

このように、一文の音読でも、言葉にこだわらせることができるのです。

こだわりポイント

子どもたちに音読させた上で、教師が明確に評価をする。誰の音読が良かったのかを問うことで、叙述（言葉）にこだわらせる。

「それぞれの読みは？」作品の解釈を踏まえた音読を

- 身に付けさせたい力
  解釈を踏まえた上で音読する力
- どんな場面
  繰り返される言葉が出てくるとき
- 何に（何を）
  繰り返される言葉
- どのようにこだわるか
  繰り返される言葉でも、違う読みになることに気付かせる叙述にこだわって音読する力が身に付くと、言葉にこだわり、作品を読み深められるようになってきます。単に書かれている言葉を音声化するだけではなく、作品全体を読み、自分の解釈を踏まえた上で、その解釈を音読に反映できることが理想です。

解釈を踏まえた上で音読する力

例えば、作品の中に繰り返される言葉が出てきたときに、その読み方の違いを検討させます。そのことで、解釈を踏まえた音読を意識させることができます。次の授業をもとに考えてみます。

『ニャーゴ』（東京書籍二年下）

『ニャーゴ』の授業では、中心人物である、ねこ（たま）のせりふに注目させます。「たまが「ニャーゴ」と三回言っています。探して1、2、3と番号を付けます」

それぞれの「ニャーゴ」は、次のように書かれています（／は改行箇所）。

1「子ねずみが歩きだしたそのときです。／ニャーゴ／三びきの前に、ひげをぴんとさせた大きなねこが、手をふり上げて立っていました。」

2「ねこは、ぴたっと止まって、／ニャーゴ　できるだけこわい顔でさけびました。」

3「ねこは、ももをだいじそうにかかえたまま、／ニャーゴ／小さな声で答えました。」

それぞれの「ニャーゴ」に番号を付けた上で音読させ、次のように問いました。

「一つだけ、違う読み方がされていたのは、1、2、3のどれですか?」

これは、すぐに全員が反応します。3の「ニャーゴ」です。

1、2の「ニャーゴ」は、三匹のねずみを食べようとして、鳴いているのです。

だから、大きな声で読んだり、叫んだり、手を振り上げて口を大きく開けて読んだり……。教科書の叙述や、ここまで読み取った内容をもとに解釈した上で音読していました。

「3の『ニャーゴ』はどのように読みますか。では、音読します」

全員が音読を練習した上で、何名かを指名して読ませました。

「今の音読で全員に共通していることは何ですか」

「小さい声だった」との意見が出ます。

「なぜ、みんな小さい声で読んだのですが?」

「『小さな声で』と書いてあるからです」

こんなやりとりをした上で、再度、問います。

「3の『ニャーゴ』はどのように読みますか。『○○のように読む』とノートに書きます」

ノートに考えを書かせて、何名かに「ニャーゴ」を音読させました。そして問います。

「今、読んだKさんは、『○○のように読む』のところを何と書いていたでしょうか？」

音読したKさんに直接考えを聞く前に、Kさんは「○○のように読む」をどう書いていたのかを、全体に問うのです。すると、友だちの音読を聞いて、さまざまな意見が出ました。

音読したKさんはノートに、次のように書いていました。

「ねずみのやくそくに、へんじをするように読む。ありがとう」

つまり、「小さな声で答えました。」の「答えました。」に注目していたのです。

その上で、今までは一方的に「ニャーゴ」と鳴いていただけだけど、最後の「ニャーゴ」だけは、一緒にももをとりに行ったり、ももをもらったりしたねずみたちに対して「ありがとう」という気持ちを込めて返事をしたように読むというのです。

このように、教科書で繰り返されている言葉を取り上げて、読みの違いを検討することで、音読を通して作品の解釈を深めることができます。

こだわりポイント

繰り返し出てくる言葉に注目させ、読みの違いを検討する。作品の解釈を踏まえた上で、どう音読したのかを言語化させる。

4

一文字へのこだわり

一文字違うだけで状況が一変！その一文字であることの意味に気付かせる

一年生を担任していたときの七月、子どもたちと次のようなやりとりがありました。

私が発した「今日は暑い……」という言葉に、

「先生、今日〈も〉ですよ。昨日も一昨日もずっと暑かったじゃないですか」

と、子どもたちから声が上がりました。

「今日は暑い」「今日も暑い」

子どもたちからの指摘のように、後者では、暑い日が今日だけではないことが分かります。

たった一文字の違いが、状況を変えることに気付かせる

「明日〈は〉頑張ろう」「明日〈も〉頑張ろう」

「友だち〈と〉学校に行く」「友だち〈は〉学校に行く」

一文字の違いが状況を変えるという言葉の楽しさに気付くと、子どもたちが意図的に一文字を使い分けるようになっていきます。会話や文章の一文字にこだわるようになります。

一文字にこだわる力は、物語や説明文の作品のよさを価値付けるときにも役立ちます。

例えば、説明文「どの家も、その土地のとくちょうや人々のくらしに合わせて、地元にあるざいりょうを使い、くふうしてつくられています。」（「人をつつむ形」東京書籍三年下）の一文では、「どの家も」の〈も〉に、注目して、筆者の主張について検討を行う場面がありました。

一文字の違いが、どのように状況を変えるのか。できるだけたくさんの事例を取り上げ、子どもたちに考えさせることが重要です。

Ⅰ「学び方を教える」ためのこだわり

・「一文字の違いが状況を変える」ということに気付かせるための授業

Ⅱ「学びを引き出す」ためのこだわり

・一文字の違いを、図や動作で見える化・共有化し、理解を深めるための発問

Ⅲ「学びを広げる」ためのこだわり

・作品において、その一文字であることの意味に気付かせる授業の工夫

作品の良さについても、子どもたち同士で価値付けていけるようになります。

step 1 学び方を教える
step 2 学びを引き出す
step 3 学びを広げる

ゆうすげ村〈の〉小さな旅館 一文字の違いについて考える

- 身に付けさせたい力
  一文字にこだわる力
- どんな場面
  四～五月の国語授業
- 何に（何を）
  一文字の違いによる意味の変化
- どのようにこだわるか
  題名の一文字を検討させる

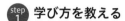

一文字にこだわる力は、物語や説明文の解釈に生かすことができます。

例えば、「今日も雨だ」という言葉。

〈も〉という一文字に注目できれば、昨日も今日も、もしかしたら一昨日も雨だということが分かるようになります。

一文字違うだけで、見える世界が変わる

こうした言葉の楽しさに気付くと、子どもたちはたった一文字にこだわるようになります。

一文字違うだけで、状況が変わることに気付かせるために、物語の題名を使って次のような授業をしました。

「ゆうすげ村〈の〉小さな旅館」

『ゆうすげ村の小さな旅館』（東京書籍三年生上）

題名をノートに書かせて、「の」に赤鉛筆で○を付けさせました。

その横に「ゆうすげ村□小さな旅館」と書かせました。

そして、次のように問いました。

「□にどんな文字が入りますか。思い付くだけノートに書きます」

ノートに書いた意見を発表させて、板書していきます。

「ゆうすげ村〈と〉小さな旅館」「ゆうすげ村〈も〉小さな旅館」

「二文字や三文字もいいんですか？」

という声があったので、「それもありだよ」と言うと、さまざまな意見が出ました。

「ゆうすげ村〈だけ〉小さな旅館」「ゆうすげ村〈には〉小さな旅館」

意見を出した人とは別の人に、意味を聞いていきます。

「ゆうすげ村〈も〉小さな旅館は、どういう意味ですか」

「ゆうすげ村だけじゃなく、他にもたくさんの村に小さな旅館」

「ゆうすげ村〈だけ〉小さな旅館は、どういう意味ですか」

「他の村は小さな旅館ではない。ゆうすげ村だけが小さな旅館」

「『ゆうすげ村〈の〉小さな旅館』と『ゆうすげ村〈と〉小さな旅館』は、どう違うのですか」

それぞれの考えをノートに書かせて、意味の違いについてみんなで検討しました。


題名を使い、一文字違うだけで状況が変わることを子どもたちに考えさせました。

教材文にある言葉や文を使っても、同様に授業できます。

このような授業を行うことで、子どもたちに一文字にこだわる力が身に付いてきます。また、作者がなぜその一文字を使っているのかということにこだわるための土台づくりにもなります。授業だけではなく、日常会話でも次のようなやりとりがありました。


「今日の給食〈は〉おいしいね」

すかさずSさんの声に、周りが反応します。

「〈は〉と〈も〉じゃ、意味が違うよね」

「〈は〉だったら、昨日はおいしくないってことになる」

「『今日の給食〈も〉おいしいね』でしょ」


このように、日常会話でも一文字にこだわるようになります。

こだわりポイント

授業で一文字の違いについて考えさせる。

日常会話でも一文字の違いにこだわらせて会話をさせる。

step 1 学び方を教える
step 2 学びを引き出す
step 3 学びを広げる

〈伝える〉と〈伝わる〉の違い 一文字の違いを説明させる

- 身に付けさせたい力
  一文字の違いを説明する力
- 「どんな場面」
  一文字の違いについて説明するとき
- 何に（何を）
  一文字違うことで変わる状況や意味
- どのようにこだわるか
  「図で表すと、どうなりますか？」

  「動作化すると、どうなりますか？」

  という発問をする

子どもたちは、一文字にこだわれるようになると、一文字の違いを発見しては、その違いについて話題にするようになります。

しかし、一文字の違いに気付くことは簡単であっても、違うことでどのように状況が変わるのかを、相手に説明することは難しいです。

そこで、「一文字の違いで、どのように状況が変わるのか、相手にも分かりやすく説明するにはどうすれば良いのか」を互いに説明する場をつくり、伝えるための考えを引き出します。

一文字の違いが、どうすれば相手にも伝わるのか。そのための考えを引き出す

教科書に出てくる一文字だけ違う言葉を取り上げて、どのように状況が変わるのかを友だち同士で説明させます。そのときに、図や動作で説明する方法があることに気付かせるための発問をしました。

「いろいろなつたえ方を知ろう」（東京書籍三年生下）の授業。

道路標識や点字など、身の回りにはいろいろな伝え方があることを知る学習です。

「伝える」という言葉にひっかからせて、「伝える」「伝わる」の違いについて、子どもたちが検討させ、互いに説明させせました。

〈伝える〉を図に表すと

「わたしたちは、人に何かを伝えるときに、」

一文目に書かれた「伝える」という言葉を、読んで私はつぶやきました。

「『伝える』ということは……」

それを聞いて、Hさんは、すかさず辞書引きをしていました。「一文字へのこだわり」「辞書引きの習慣」が身に付いています。Hさんが「伝える」の意味を説明してくれます。

Hさんの発言を聞いて、私は言いました。

「『伝える』『伝わる』、一文字違うと、どんな違いがあるのか。隣の人に説明しなさい」

そこから、「伝える」と「伝わる」について、検討が始まりました。

「『伝える』は視点が自分で、『伝わる』は視点が相手になっている」

「二人のやり取りを、友だちに話すときは『伝わった』になるよ」

「え、どういうこと？」

そのような声が聞こえてきたので、私は言いました。

「今、友だちに説明した一文字の違いを、図で表してごらん」

何人かがノートに図で表し、「伝える」と「伝わる」の違いについての図を板書しました。

一文字違うことで状況が変わることを相手に説明するときには、図に表すことで、その違いについて相手と共有できます。ノートを見ると、「伝わった」という言葉にまで学びが広がっていることを見取ることができます。この図に、一文字の違いをどう解釈しているかが表れるのです。図に表すことが難しいときには、「動作で表してごらん」ということもできます。

子どもたちが一文字の違いに気付いたときには、その違いについて相手に説明する場を設けます。そして、その違いが伝わるためにはどうすればよいかを考えさせることで、一文字の違いについての解釈をより深めることにつなげられます。

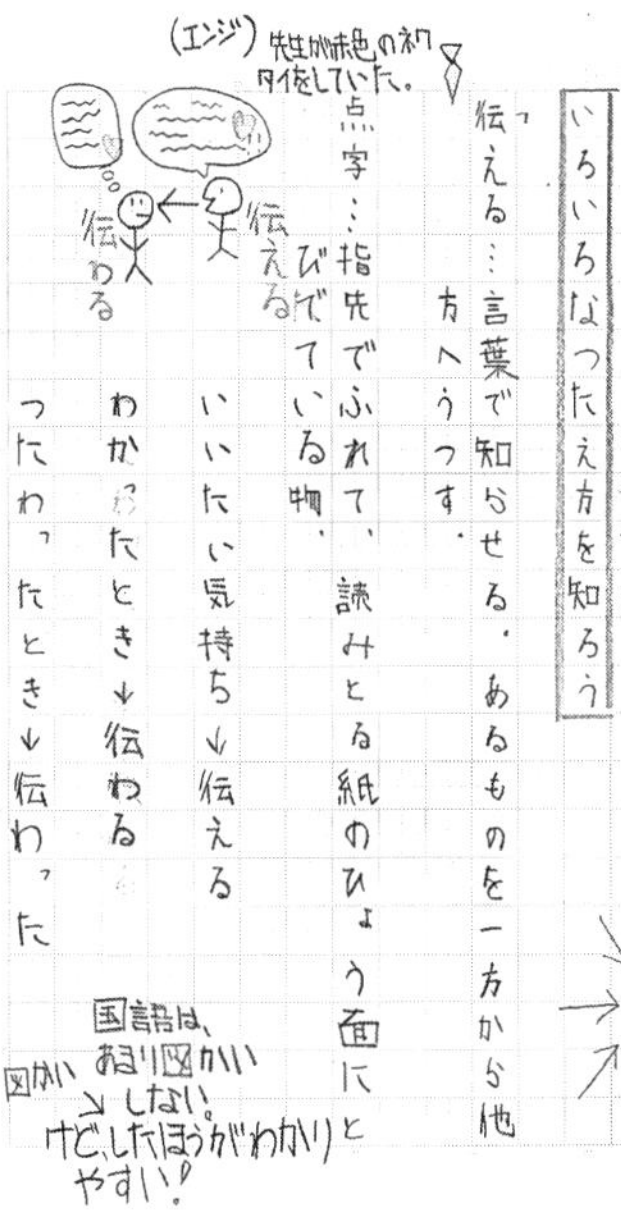

こだわりポイント

一文字の違いについて相手に説明させる。図や動作で表すことも、有効な方法であることを教える。

「『どの家〈も〉』ということは」一文字にも主張が込められている

- 身に付けさせたい力

一文字に込められている思いを読み取る力

- 「どんな場面」

物語の主題や説明文の要旨を検討するとき

- 何に（何を）

作者のメッセージや筆者の主張

- どのようにこだわるか

「違う一文字だとしたら……」で考えさせる

「一文字にこだわれる」

「一文字の違いについて説明したり、図や動作で見える化・共有化したりできる」

このような状態になると、子どもたちは教科書に書かれている言葉すべてを素材として楽しむようになります。その一文字で書かれている意味を考え、価値付けるようになります。

その一文字であることの意味を考え、価値付けられる

一文字にこだわる力は、物語の主題や、説明文の要旨を検討するときに生きてきます。

次の授業では、説明文での筆者の主張が妥当かどうかを、一文字をもとに検討しました。

『どの家〈も〉』ということは、世界中すべての家が!?」

三年生『人をつつむ形―世界の家めぐり』の学習です。

全部で十四段落ある説明文です。まず、授業では次のように問いました。

「重要な段落を三つ選ぶとしたらどの段落ですか。段落番号をノートに書きなさい」

「①、④、⑤」「⑥、⑨、⑫」などの意見が出ました。さらに突っ込んで問いました。

「三つの中で、一つだけ残すとしたらどの段落にしますか」

三つ選んだ段落番号のうち、一つを赤鉛筆で囲ませて、理由をノートに書かせました。

多くの子が④段落を残しました。④段落を残す理由として、次のような意見が出ました。

「『くふうしてつくられています』と書いてあるから」

「『くふう』という言葉が大事です。どの家も、『その土地のとくちょうや人々のくらしに合わせて』の言葉も、この説明文では大事だから」

「一つだけ残すとしたら？」という問いは、筆者が一番言いたいところはどこかを聞いているのです。すると、④段落には「どの家も、その土地のとくちょうや人々のくらしに合わせて、地元にあるざいりょうを使い、くふうしてつくられています。」と書かれています。これが筆者が一番言いたいことだと、④段落を選んだ子どもたちは考えたわけです。

ここで、Oさんが反対意見を述べました。

「『どの家も』って書いてあるけど、どの家〈も〉っていうのは言えないと思う」

「どの家も」ということは、「世界中全ての家」という意見がありました。それは言いすぎだというのです。Oさんの発言を受けて、私は全体に返しました。

「どの家〈も〉というのが言い過ぎたとしたら、どう書いたらよいですか？」

「世界のある家では」「多くの家は」「ほとんどの家は」「大半の家では」……。

「どの家も」の〈も〉にひっかかったOさんの意見から、筆者が言いたいことを、より読者に伝えるための言葉を検討する授業となりました。

この授業は説明文での検討ですが、一文字にこだわる力は、物語の解釈でも役立ちます。例えば、『走れ』（東京書籍四年上）には、次の文章があります。

「けんじが、前を走りながら大きな声で言った。

「おなか、へったよう。」

のぶよも、後ろから大きな声で言った。」

一文字にこだわれる子どもたちは、「へった〈よう〉」「後ろ〈から〉」「のぶよ〈も〉」など、この文章のあらゆる部分にひっかかります。次のような意見が出ました。

「のぶよ〈も〉ってことは、けんじとのぶよはここで気持ちが一つになったんだと思う。それまでは、二人の思いには違いがあったけど、ここで初めて同じセリフを言って、同じ行動（走った）をとったから。のぶよ〈も〉の〈も〉が、二人の気持ちが重なったことを表している。」

その一文字であることの意味を考え、価値付けられる力は深い読みへとつながります。

こだわりポイント

「もし違う一文字だとしたら……」を考えさせる。
その一文字であることの意味を考えさせ、価値付けさせる。

5 教科書へのこだわり

教科書はおもしろい！教科書のすみずみにまで目を向けさせる

教科書にはどのような情報が載っているのでしょうか。

例えば、表紙、目次、てびき、一年間の学習内容が分かる一覧表、付録教材、漢字表……。

ただ、意識して目を向けさせなければ、これらを目にすることがないまま一年間を終えることがあるかもしれません。子どもたちだけでなく、教師自身も同様です。

まずは、教科書には多くの情報が載っていることを子どもに気付かせます。その多くの情報を使えば、学習の見通しをもちながら、どのような国語の力を身に付けるために学習をしているのかを子どもたちに意識させることができます。

教科書のすみずみにまで目を向けさせる

例えば、目次には次のように書かれています（東京書籍三年下）。

二　はたらく犬について調べよう　読む　……………………49

もうどう犬の訓練（説明文）吉原順平

「ここから分かること、疑問に思うことはいくつありますか」と発問すれば、「題名は『もうどう犬の訓練』」「説明文である」「筆者は、吉原順平さん」「二は、何を表しているのかな」「『はたらく犬について調べよう』と『もうどう犬の訓練』の違いは？」などという意見が挙がるはずです。

目次の情報だけでも、さまざまなことが分かるという教科書のおもしろさに気付かせます。

Ⅰ「学び方を教える」ためのこだわり

・教科書について授業を行い、すみずみに目を向けさせる

Ⅱ「学びを引き出す」ためのこだわり

・教科書のてびきなどに書かれた問題を利用して、子どもたちのズレを引き出す発問

Ⅲ「学びを広げる」ためのこだわり

・教科書の付録を使って、学習のまとめを行い、学びの蓄積を実感させる

まず、教師自身が教科書のすみずみにまで目を向けることが重要です。そうすると思ってもみなかったような宝物（授業に生かせる素材）が発見できます。教科書は宝箱です。

「いくつ書かれていますか？」目次の情報に目を向けさせる

- 身に付けさせたい力

教科書の情報に目を向ける力

- どんな場面

四月の国語授業、単元の第一時間目

- 何に（何を）

学習内容

- どのようにこだわるか

目次を使って授業をする
目次にはたくさんの情報があることに気付かせる

「教科書の目次には、いくつのことが書かれていますか」

子どもたちに問うたとき、どのような反応を示すでしょうか。

そもそも、子どもたちが、教科書の目次を見るような機会をつくっているでしょうか。

「じゃ、今日は○○ページを開いて……」

という教師の指示で授業を開始してしまうと、子どもたちは目次を見ることがないまま、一年間の授業を終えてしまうかもしれません。

目次には、多くの情報が載っています。それを扱わないのは、非常にもったいないことです。

目次に目を向けさせるための授業をする

単元の第一時間目に、目次に少し触れさせるだけで、その後の学習に生かすことができます。

例えば、一年生の教科書の目次には、次のようなことが書かれています（平成30年版　東京書籍あたらしいこくご一下　P.2より一部抜粋）。

ありがとう（し）しょうじ　たけし

㊀おはなしを　よもう　よむ

サラダで　げんき（おはなし）かどの　えいこ

『サラダでげんき』の学習の前に、目次を扱うとします。

目次を開かせて、次のように問い、指示をします。

「(目次には)いくつのことが書かれていますか？　ノートに箇条書きします」

①　㊀おはなしをよもう
②　よむ
③　サラダでげんき
④　おはなし
⑤　かどのえいこ

ノートに書き出した情報は、それぞれがどのような意味をもっているのかを説明します。

①　㊀おはなしをよもう　→　たんげん名
③　サラダでげんき　→　だい名

このようなことを繰り返し行っていると、子どもたち自身が、何の学習に取り組んでいるのかを、目次で確認してから学習を進められるようになります。

「今は、お話（物語）の勉強をしているんだ」
「題名は、サラダでげんき。作者は、かどのえいこさんだ」
「読むことの勉強だ。『おはなしをよもう』ってどういうことかな」

目次を扱うことで**学習のつながりを意識させる**こともできます。

「今回の学習は説明文だ。前に学習した説明文は○○。そのときの説明文では、段落や要点について学習した。今回の説明文は何を学ぶのだろうか」

子どもたちは、学習のつながりが意識できると、前に学習したことを生かして、これからの学習に取り組もうとします。

また、国語の教科内容（段落、要点など、教材を通して学ぶこと）を意識して学ぶようになります。教師自身も学習のつながりを意識して、指導に生かすことができます。

こだわりポイント

年度初めや単元の最初の授業で、目次に目を向けさせる。目次の情報をもとに、学習のつながりを意識させる。

「すべて答えられますか？」てびきを活用して、ズレを生む

- **身に付けさせたい力**
  教科書のてびきをもとに教材を読む力
- **どんな場面**
  物語や説明文の読み取りのとき
- **何に（何を）**
  てびきに書かれていること
- **どのようにこだわるか**
  「てびきを読んで考えます」

  「（問題に）すべて答えられますか？」

  という指示・発問をする

単元の終わりには、「てびき」のページがあります（東京書籍の教科書の場合）。てびきをどのように扱っているでしょうか。てびきには「案内」という意味があります。単元をどのように授業すれば良いのか、教師に案内をしてくれる一つの目安になります。それは、子どもたちにとっても同様です。

てびきを確認することで、見通しをもって単元の学習に取り組むことができます。前単元とのつながりや、単元で身に付けたい学習用語など重要な情報が盛りだくさんです。目次同様、てびきも学習のつながりを意識させるために活用することができます。

てびきを確認すると、学習のつながりが明確になる

例えば、『サーカスのライオン』（東京書籍三年下）のてびきには次のように書かれています。

◆中心となる人物の気持ちを考えながら読む

「中心となる人物を捉えて、読めばいいんだ」ということが分かります。

「中心となる人物って、どんな人物だろう？」それは、次のようにてびきに書かれています。

物語全体を通して、気持ちやその変化がいちばんくわしく書かれている人物を中心となる人物といいます。

「気持ちやその変化がいちばんくわしく書かれている人物か！」ということが分かります。

「では、気持ちを考えながら読む、とはどうすればいいんだろう？」

それについてもてびきに書かれています。
▽物語の中で、どんな出来事が起きたのかをたしかめ、場面ごとにじんざの気持ちをノートに整理しましょう。
・じんさの行動や会話、ようすが表れている言葉を抜き出し、そのときのじんざの気持ちを考えましょう。
「どんな出来事が起きたのかをたしかめる」

「場面ごとに気持ちをノートに整理する」

「行動や会話、ようすが表れている言葉を抜き出す」

これらの方法を通して、気持ちを考えればよいことが、てびきを読めば分かります。


「てびきを読んで考えます」「（てびきに書かれている問題に）すべて答えられますか？」


こうした指示・発問をすることで、子どもたちは、てびきに注目するようになります。また、てびきを通して、誰が中心となる人物なのか、その中心となる人物の会話や行動、気持ちの変化をとらえながら物語を読み進めることができるのです。

次のノートは、てびきに書かれていた「中心となる人物」が誰かを捉え、その人物の行動や会

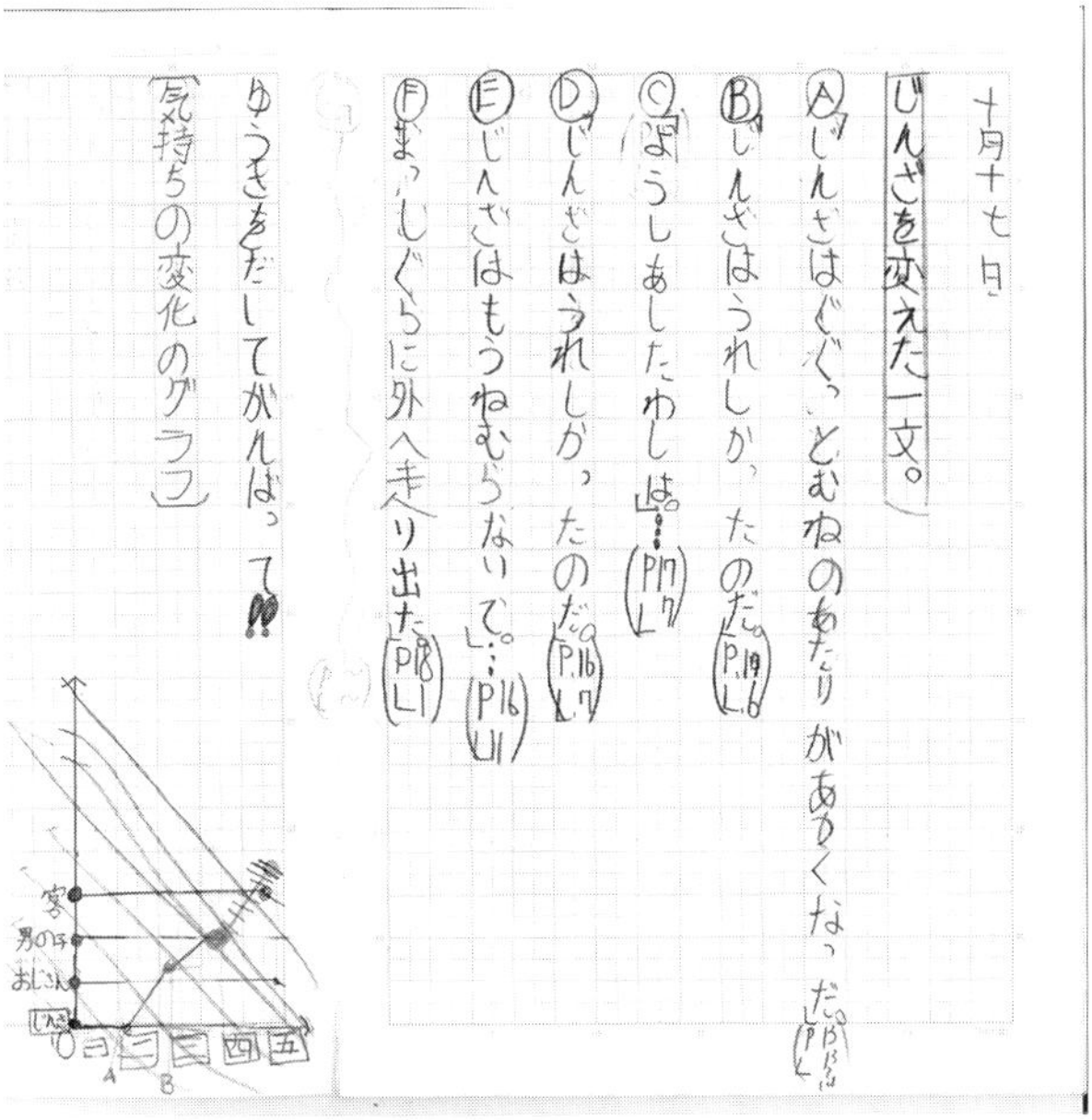
十月十七日
じんざを変えた一文。
Ⓐじんざはぐぐっとむねのあたりがあつくなった。
Ⓑじんざはうれしかったのだ。P.14 L.6
Ⓒようしあしたわしは…P.17 L.7
Ⓓじんざはうれしかったのだ。P.16 L.7
Ⓔじんざはもうねむらないで…P.16 L.11
Ⓕまっしぐらに外へ走り出た P.18 L.1
ゆうきをだしてがんばって!!
気持ちの変化のグラフ
客
男の子
おじさん
じんざ
〇
一
二
三
四
五
A
B

話を場面ごとに整理して、どこで気持ちが大きく変化したかをまとめています。

このように、てびきを読んで考えを書かせると、子どもたちの考えにズレが生じることがあります。

生じたズレを授業で検討するのです。

「中心人物の気持ちが大きく変化しているのはどこか」

などを全体で検討することで、読みを深めることができます。

こだわりポイント

てびきに書かれていることに対する自分の考えをもたせる。
考えにズレが生じたところを授業で検討して読み深める。

「付録に付けたしましょう」学びの蓄積を実感させる

- 身に付けさせたい力

付録教材を使って学びをまとめる力

- どんな場面

単元のまとめを行うとき
学期末に学習のまとめを行うとき

- 何に（何を）

学びの蓄積

- どのようにこだわるか

付録を使って、どのような力を身に付けられたのかを振り返らせる

教科書の目次やてびきなどを授業で扱っていると、子どもたちは教科書のすみずみにまで目を向けるようになります。

「教科書はすごい」「教科書はおもしろい」「教科書から学べることはないか」「教科書に載っている情報を十分に活用しよう」「教科書に書かれている言葉は……」。

このような姿勢で教科書と向き合うようになります。

さらに、教科書を活用するために、ぜひ扱いたいページがあります。

「付録」です（教科書会社によっては「資料」となっています）。

付録を扱う目的は、

これまでの学習で、どのような力を身に付けたのか、学びの蓄積を実感させる

ということです。

東京書籍四年上（令和二年版）の付録であれば、「学習で使う言葉」のページがあります。

これまでの学習で学んできた言葉（本書で言う学習用語）が書かれています。どの言葉が、どの単元、教材と結び付いているのかを書き込んだり、ノートにまとめたりさせていくのです。

例えば、「文章のまとまり」という言葉については、次のように書かれています。

「一つ、またはいくつかのだん落が集まってできている大きな内容のまとまり。」

この言葉は、どの学習を行ったときに学んだ言葉なのかを、教科書に書き込ませるのです。

『ヤドカリとイソギンチャク』という説明文を学習したときに学んでいることが分かります。

「山場」という言葉も書かれています。山場は次のように書かれています。

「物語の中で、最も大きな変化が起こるところ」

同じように、どの学習を行ったときに学んだ言葉なのかを、教科書に書き込ませます。

すると、『走れ』という物語文を学習したときに学んでいることが分かります。

このように、ある単元や教材の学習を終えたときに、どのような力を身に付けたのか、付録の言葉と関連付けさせたり、付録の言葉を使って学習のまとめをノートに書かせたりします。

そのことで、教材を通して何を学ぶのか、子どもたち自身が身に付けるべき力を意識しながら学習に取り組むようになります。

学習のつながり（系統性）を意識することもできます。例えば、

「先生、「だん落」は、三年生のときすでに学んだ気がする」

という声があがります（四年生の付録「学習で使う言葉」に「だん落」と書かれています）。

すると、確かに、三年生の付録にも「だん落」という言葉は出てきます。

『自然のかくし絵』（東京書籍三年上）で学習しているのです。

「『だん落』のところに、『三年自然のかくし絵』とも書き加えておけばよいね」

と指示をします。

これまでの学年で学習してきた、単元名や教材名を書き加えさせることで、学びのつながり（系統性）を意識させることもできるのです。

「三年生の説明文で学んだことをもとに、読めるかな？」
「四年生の説明文でも、『だん落』が書かれているけど、新たに学ぶことって何だろうね？」

そう問うことで、学習のつながりと、新たに学ぶべきことを意識して学習に取り組めるようになります。さらに、

「付録に『要旨』って言葉も付けたしておいていいですか」（**付録への付け足し**）
「『中心人物』のところに、『楽器』や『のぶよ』と書いておきます」（**具体的な人物**）

など、**オリジナルの付録をつくる**子も表れてきます。

付録を自らの学びの蓄積を実感するための教材として扱うことができます。

こだわりポイント

付録を使って、新たに学んだことを意識させる。
学びの蓄積を書き記すことで、学びのつながりも実感させる。

聞き手の態度を教える！聞くことで、学びが広がり、深まることを実感

「先生や友だちの話を真剣に聞きなさい」「話をしている相手を見て聞くのです」

子どもたちに対して、よく行う指示です。しかし、この指示で話を聞く態度が育つほど、聞くこと指導は簡単ではありません。「話を聞くことは大事」だということを、子どもたちは頭で理解しています。それでも、真剣に話が聞けるようにならないのはなぜでしょうか。

そもそも「真剣に聞く」とは、どういう状態のことをいうのでしょうか。真剣に聞けている状態を、子どもたちはイメージできているでしょか。

私たち教師も、聞くことが当たり前だと思って、「真剣に聞く」ということが、どういうことなのか、教えていないのではないでしょうか。「真剣に聞く」とは、どういう状態をいうのかを、授業場面を通して教えていく必要があります。

「真剣に聞く」とは、どういう状態なのか。聞き手の態度を教える

まず、相手を見て話を聞く、頷きながら話を聞くなど**聞き手の態度を教えて定着させます。**聞き手の態度が定着してきたら、教師の話や友だちの意見に対して頷きやつぶやきなどの反応が生まれてきます。これは、話し手の内容を理解して聞こうとするからこそ、生まれる反応です。**聞く態度を意識する、話し手の内容を理解しようとしながら聞く。こうした姿が真剣に聞くということです。**このことを、子どもたちに教えます。

Ⅰ「学び方を教える」ためのこだわり
・「真剣に聞く」とはどういう状態なのか、聞き手の態度を教える
Ⅱ「学びを引き出す」ためのこだわり
・真剣に聞いていることで生まれてきた頷きやつぶやきを、授業に生かすための発問
Ⅲ「学びを広げる」ためのこだわり
・真剣に聞いているからこそ、考えが広がり深まることを実感させる価値付け

真剣に聞いたからこそ、考えが広がり深まったという実感を子どもたちにもたせることができれば、おのずと聞く集団になっていきます。

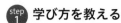

「教えてください」聞き手の態度を教える

- 身に付けさせたい力

教師や友だちの話をよく聞く力

- どんな場面

四～五月の国語授業、学期始め

- 何に（何を）

「真剣に聞く」という聞き手の態度

- どのようにこだわるか

あえて発言させないことで、聞き手の態度を教える

「真剣に聞く」という聞き手の態度を教える

「真剣に聞く」とは、どういう状態なのかを、子どもたちに教えているでしょうか。

ある授業では、あえて子どもに発言させないことで、聞き手の態度を教えました。

聞き手の態度

「ぶんをつくろう」（東京書籍一年上）の授業でのことです。

ノートに「いぬが○○○」（主語＋述語）の文をたくさん箇条書きさせます。
①いぬがすわる。②いぬがほえる。③いぬがはしる。④いぬがあるく。⑤いぬがわらう。
Kさんが次のようにノートに書いていました。

「いぬが、おにくをたべる。」（主語＋修飾語＋述語）

こういう意見を見付けると、内心（やったー！）となります（少数の意見は宝物です。意見を発表させて、他の意見と比較させる。聞く力を高めることに生かせるからです）。

「いぬが……」

「Kさんが、すてきなこと書いているから紹介します。Kさん、読んでください」

「ストップ！　やっぱりみんなに教えるのはもったいないから、先生だけの内緒」

「えー！　ずるい」「言ってよ！」「教えてください」「お願いします」

良い意見があることを子どもたちに告げて、あえて発表させませんでした。

子どもたちの「聞きたい」気持ちを高めるためです。

「いぬが……」の続きを聞きたい全員が、話を聞こうという空気を醸し出します。

聞く空気ができた状態が、「真剣に聞く」ということを教えるチャンスです。

「口をとじて聞くと、聞き逃さないよね」

「発表する人を見ていると、頭に入ってくるね」

「話している内容が分かったら、うんうんとうなずくと良いね」

実際にその姿勢をやらせることも大切です。

「話を真剣に聞くというのは、今のみんなの状態のことです」

こういったことを授業の中で繰り返すことで、聞き手の態度を教えます。

あえて話させないことで聞き手の態度を教えることができます。

教師の話を聞かせるときも同様です。

例えば、授業中、大切なことを伝えたいときに次のように言います。

「○○を知っていますか？」

「知りません」

「でも、この話をするのは、みんなにはまだ早いかな……次の機会ね」

「えーーーっ⁉」「教えてください！」

出し惜しみすることで、子どもたちの興味は一気にかき立てられるようです。

子どもたちが「聞きたい」という空気をつくってから、教師は話を始めるようにします。

子どもたちは、教師の目を見て集中して聞き漏らすまい、という空気を醸し出します。

そのときに、「これが『真剣に聞く』という態度です」と教えれば良いのです。

どの教科でも、どのような場面でも同じです。

教えたい内容を、あえて話さないような展開にすることで、子どもたちの聞きたい気持ちを高めます。そのときが、聞き手の態度を教える絶好のチャンスです。

こだわりポイント

あえて話させないことで、「聞きたい」気持ちを高める。

その機会を捉えて「真剣に聞く」という聞き手の態度を教える。

「(誰かの反応)説明できますか」つぶやきを全体に波及させる

- 身に付けさせたい力
  友だちのつぶやきを受けて考える力
- どんな場面
  つぶやきが起きたとき
- 何に(何を)
  友だちのつぶやきの意味について
- どのようにこだわるか
  つぶやきについて、代わりに説明させる

聞く力が高まってくると、授業中、次のような声があがるようになります。

「あっ！」「分かった！」「そういうことか！」「なるほど！」「納得！」

つぶやきが起こるのは、相手の話を真剣に聞いているからです。

つぶやきが起こったとき、みなさんはどのように対応しているでしょうか。

教師の対応で、さらに全員の聞く力を高めることができます。

つぶやきを生かして、さらに聞く力を高める

子どもたちのつぶやきは宝物です。

しかし、次のように対応をすると、宝物をドブに捨ててしまうことになります。

「今の○○さんの意見って、こういうことだよ」（**教師による過剰な説明**）

「○○さん、どういうこと？　説明してください」（**反応した子どもに、すぐに聞き返す**）

教師が説明すればするほど、子どもたちは、友だちの意見を聞かなくなります。

友だちの意見ではなく、先生がする説明を聞けば良いのだとなるからです。

また、つぶやいた子どもに、すぐに聞き返すことも同様です。

つぶやきの意味を考えなくても、後で説明してくれるから、それを聞けば良い、ということになるのです。

聞く力が高まり、つぶやきが起こるようになったら、その反応を授業に生かします。

子どもたちは、友だちのつぶやきを意外と聞き取れていません。

まずは、誰かのつぶやきに教師が反応して、全体に広げることを繰り返していきます。


次のようなつぶやきが聞こえたときが、つぶやきを生かすチャンスです。

「あーー!!」「分かった!!」「そうか!」「なるほど」

教師がつぶやきに反応して、全体に問います。

「『あーー!!』という声があがりました。何に反応したのか気付いた人?」

「○○さんが『なるほど』と言ったことを、代わりに説明できる人はいますか?」

誰かのつぶやきを全体に返すのです。

一人一人ノートに考えを書かせたり、意見を発表させたりすることで、誰かのつぶやきを学級全体に広げることができます。

あわせて、子どもたちに話します。

「友だちの声に反応できると、多くの考え方が身に付くね」

「誰かのつぶやきを聞いて(反応して)考えを広げられる。学級全体で勉強しているってこういうことだよね」

このように、聞く力が高まってきたことで生まれた「つぶやき」を授業の中で生かすのです。

教師がこだわりたいのは、

誰かのつぶやきに反応できたことを価値付ける

ことです。

教師が、つぶやきを取り上げ、授業に生かすことを繰り返していると、

「今の○○さんの反応は、□□ですよね」

というような声が自然と子どもたちから生まれてきます。

聞く力が高まり、つぶやきが生まれます。そのつぶやきを授業に生かすという視点をもつと、子どもたち同士の話し合いへとつなげることができます。

こだわりポイント

「分かった！」「そうか！」つぶやきを授業へ生かす視点をもつ。つぶやきに反応できた子どもを価値付ける。

「ちょっと待ってください」メモで見方・考え方を広げる

- 身に付けさせたい力
  友だちの考えを、自分の考えに反映させる力
- どんな場面
  授業における思考場面
  話し合い場面
- 何に（何を）
  友だちの考えを取り入れる
- どのようにこだわるか
  友だちの考えをノートに書かせる

聞くことの目的はなんでしょうか。

私は**自分にはない見方や考え方を学ぶことができる**ことだと考えています。

例えば授業中、教師の問いに対してある子が「A」と考えたとします。

しかし、友だちの考えを聞くと「B」や「C」だということがあります。

中には「A+C」という考えがあるかもしれません。

そこで、考えるわけです。なぜ「B」と考えたのだろう。「A+C」と考えたのはなぜだろう。

友だちの考えを聞いて、もう一度考えてみる。このことで、自分の見方や考え方を広げることができるのです。だから、人の考えを聞くことが大切なのです。

「相手の話をよく聞こう」「誰かが話し始めたときは真剣に聞こう」

聞いていたからこそ、学びが深まったことを、子どもたちに実感させる必要があります。

例えば、友だちの考えをノートに書かせることで、そのことを実感させます。

「場面ごとにタイトルをつけよう」

『モチモチの木』(東京書籍三年下)で、場面ごとにタイトルをつけました。

それぞれの考えを発表して、どの考えが妥当かを話し合います。

何人かが考えを発表しているときに、Hさんが言いました。

「ちょっと、待ってください」

どうしたのだろう不思議に思いました。授業後、その子のノートを見て分かりました（写真参照）。

友だちの意見を聞いて、ノートにメモしていたのです。

ノートにメモをするための「ちょっと、待ってください」だったわけです。

この授業は、正解が一つに決まる授業ではありません。どの言葉や文を根拠に考えたのかで、意見にズレが生じます。そのズレが、それぞれの子どもの見方や考え方です。Hさんは、**友だちの意見を聞いて、さまざまな見方や考え方を自分の中に取り入れよう**としているわけです。

もう一つノートを見て、気付いたことがありました。

友だちの考えの全てを、メモをしてはいなかったということです。

聞き取った意見をメモするのかしないのか、自分の中に判断軸をもっていました。

判断軸をもちメモをするには、やはり、よく「聞く」必要があります。

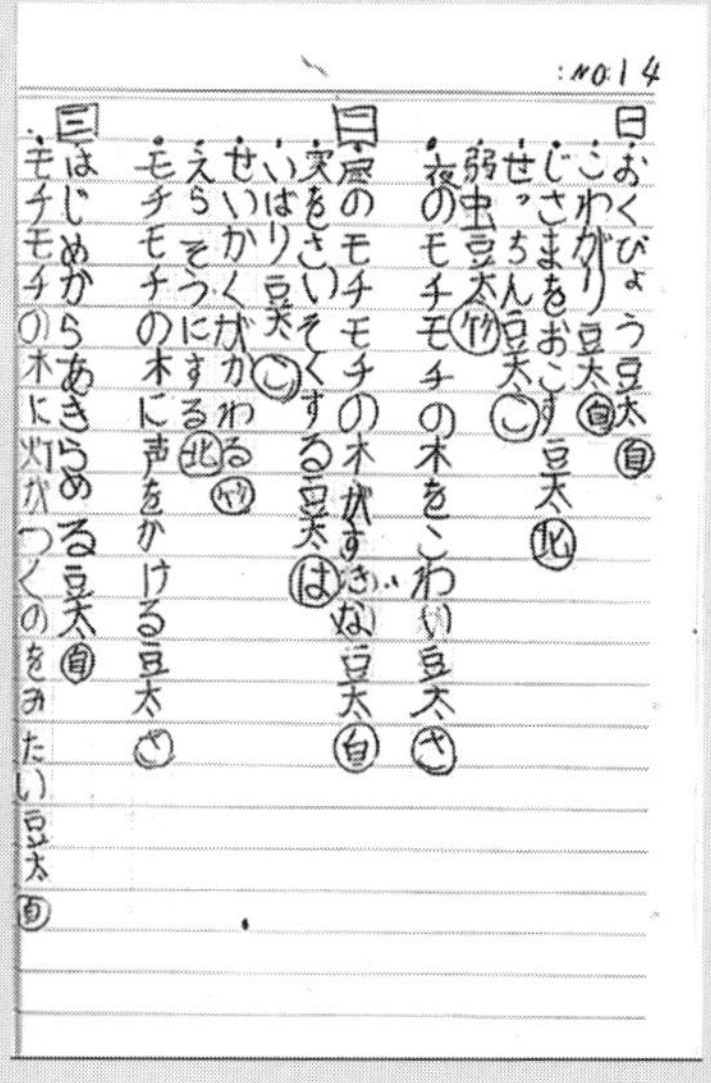

Hさんは、友だちの考えをメモにとり、自分の考えが妥当かを再度考えています。また、どの考えがよいのか、よく聞いたうえで判断軸をもってメモをしています。よく聞くことで見方・考え方を広げていることを実感できている状態だと言えます。

授業における思考場面や話し合い場面で、次の四つのステップにこだわって指導します。

①友だちの考えをよく聞きメモすることで、見方・考え方が広がることを伝える（価値）

②教師が、子どもの考えをよく聞き、黒板やノートにメモしている姿を見せる（手本）

③よく聞きメモをとっている子どもを、全体の場や学級通信で取り上げる（波及）

④よく聞いた上でメモするかしないかを判断させるなど、メモの仕方を教える（方法）

思考場面や話し合い場面では、この四つのステップにこだわって指導します。前述の授業例は③に当たりますが、そこまでの指導やその後の対応が、確かな聞く力を育むことにつながります。

こだわりポイント

思考場面や話し合い場面で、友だちの考えをメモさせる。メモをもとに、見方・考え方が広がることを実感させる。

7 話すこと指導のこだわり

話す力は、「たくさん」「工夫して」「真似る」！三段階で上達させる

話すこと指導と、聞くこと指導は表裏一体です。

「聞くこと」ができるから、聞いたことに対して自分の考えを「話すこと」ができるのです。

「聞くこと」指導でも書きましたが、聞き手の態度が定着してきたら自然と頷きやつぶやきなどの反応が生まれてきます。その反応を、「話すこと」へと生かしていくのです。

例えば、Aさんが意見を言ったとき、（うんうん）とうなずく姿が見られたり、「なぜだろう」とつぶやく声があがったりします。そのときが、「話すこと」指導のチャンスです。

「今のAさんの意見について、隣同士で話し合います」

すると、次のような声があがることがあります。

「よく分からなかったので、もう一度言ってもらえますか？」

そのとき、学級全体に教えるのです。

「詳しく聞きたいというときには、『もう一度言ってもらえますか？』と発言したら良いんだね」

子どもたちの反応を見て、教師が指示・発問して発言を引き出す。さらにその発言を話すための教室言葉として、増やしていく。

地道ですが、こうしたことの繰り返しが話す力を高めていきます。

Ⅰ「学び方を教える」ためのこだわり
・できるだけ多く発言させるための学習システムづくり
Ⅱ「学びを引き出す」ためのこだわり
・モデルとなる発言が出てきたときに、教室言葉として広げるための指示・発問
Ⅲ「学びを広げる」ためのこだわり
・説明・討論など、学びを生かし広げるための価値付け

できるだけ「たくさん」発言させて、「工夫して」、発言することで意見がつながることを実感させ、よい発言を「真似る」ことで話す力は高まっていきます。

話すこと

step 1 学び方を教える
step 2 学びを引き出す
step 3 学びを広げる

「意見」「まきこみ」……発言回数・発言内容の記録

- 身に付けさせたい力
  たくさん発言させる力
- どんな場面
  話し合い場面
- 何に（何を）
  発言回数
  発言内容
- どのようにこだわるか
  発言回数を記録させる
  発言内容の工夫があることを教える

話すこと指導は、聞くことができる土台があってこそ成立します。

教師や友だちが聞いてくれるという安心感があるからこそ、子どもたちは「話してみよう」「発言してみようかな」と思うわけです。

そのため、安心して発言できるような、学級ルールを浸透させておく必要があります。

例えば、

・誰かが発言しているときに思ったことがあれば、発言を聞き終わってから質問する

・「分からない」という発言も一つの意見として認める

・ペアやグループで話すときには、順番に話す

一学期の授業で話し合い場面を設けたときには、毎回ルールが守れているかを確認します。しっかりと守れていたときに称賛するようにします。そうすることでルールを浸透させます。

ルールづくりと並行して行いたいことが、たくさん発言させるということです。

話す力を高めるためには、発言の機会をできるだけたくさん保障する必要があります。

そのために有効なのが、発言回数を記録するということです。

例えば、発言回数を「正」の字で記録させるという方法があります。

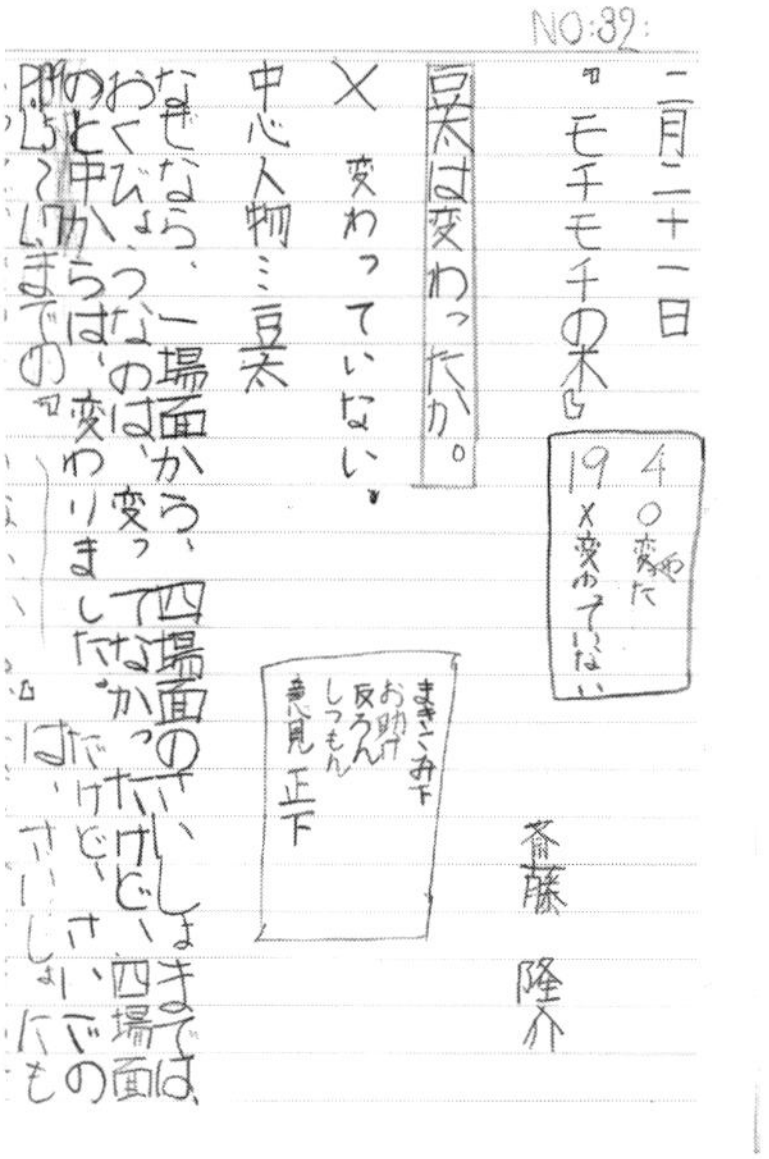

ノート例では、意見（発言）が八回あったことが分かります。

このように、発言回数を記録させることで、たくさん発言しようと子どもたちは意欲的になります。黒板に教師が「正」の字を書いて、記録するという方法もあります。

また、指名の仕方を工夫することで発言回数を増やすことができます。

全員の発言回数を保障するために、列指名、グループ指名、出席番号順指名など、意図的な指名を行います。話し合い場面でも、発言回数を保障するために、最初はペアでの話し合いが良いです。ペアで互いの意見を出し合い、決められた時間内に、発言が何回あったのか、その回数だけを聞きます。回数を見える化することで、できるだけ多く発言しようと意欲的になります。

発言回数が増えてきたところで、発言内容にもバリエーションをもたせます。

右のノートでは、「まきこみ」「お助け」「反ろん」「しつもん」「意見」の記述があります。

これは、発言内容ごとに分類して記録していることになります。

「まきこみ」であれば、**「私はAです。同じようにAだと考えている人、手をあげてください。Bだと考えている人、手を挙げてください」**というように、全体を巻き込む発言のことです。**「しつもん」**は、**「○○さんに質問します」**と誰かの意見に対して、質問した発言のことです。**「お助け」**は、**「○○さんが困っているので助けます」「付け加えます」**などの発言です。

このように、発言回数が増える時期を見計らって、発言内容にもこだわらせるようにします。

これらの言葉は、話し合いをより深めるための言葉として教師が教えます（子どもから自然に出てくることもあります。そのときは教師が取り上げ、価値付けます）。「発言内容のバランスがよいと、話し合いが深まるよ」。教師がこう意味付けることで、「まきこみ」「しつもん」「お助け」の発言も増えてきます。

こだわりポイント

発言回数を保障するための指名の工夫と発言回数の記録。話し合いをよりよくするための発言内容の工夫。

「良さはいくつありましたか？」発言の良さを評価付ける

- 身に付けさせたい力
  伝わる発言の仕方について工夫する力
- どんな場面
  思考場面
  話し合い場面
- 何に（何を）
  友だちのよい発言の仕方
- どのようにこだわるか
  発言の良さに気付かせる
  「発言の良さはいくつありましたか？」という発問をする

子どもたちが発言できるようになってくると、キラリと光る発言に出会うことがあります。

例えば、次のような発言です。

「まずは～。次に～。そして～」

「理由は、三つあります」

「結論からいうと～」

「Aという意見ですが、例えば～」

「僕はAだと考えています。仮にBだとしたら～」

このような発言を、**より良い話し合いにするための言葉として学級全体に浸透させます**。

そのために大切なことは、教師が子どもたちの発言を聞き分け、全体に問い返すことです。

「まずは～。次に～。そして～」

という発言があったときに、

「今の発言の仕方良かったよね？　気付きましたか？」

と子どもたちに問います。すると、

「『まずは～』という言い方が分かりやすかったです」

と、子どもたちが発言の良さを説明してくれます。そこで、次のように言うのです。

「『まずは～次に～』のように、順を追って説明するような言い方は話し合いをより良くする言葉

だね。今の言葉を書いて貼っておこう」

話し合いをより良くする言葉として、画用紙などに書いて教室に掲示すれば良いのです。こうしたことを繰り返して、子どもたちから発言の工夫を生み出していくのです。

三年生の授業では、次のようなやりとりがありました。

「一つ目の文章」「二つ目の文章」のどちらが良いのかを、検討しました。

Mさんが手を挙げて、次のように言いました。

「聞いてください。私は、一つ目の文章が良いと考えた理由が三つあります。一つ目は、〜略〜 二つ目は、○ページの△行目を見てください。〜略〜 三つ目は、……」

「聞いてください」「一つ目は……」のような発言は、「話し合いをより良くする言葉」だと指導しています。それを使った発言でしたので、発言を全体に広めたいと思いました。

「Mさんの発言。良さがあったのですが、いくつ気付きましたか。隣の人に、『○個』と言ってごらん。その発言の仕方がなぜ良いのか、その理由が言える人は、理由も言います」

ペアで話し合いをさせた後で、何人かに聞きました。

「『○ページの△行目を見てください。』という言い方をすると、聞いている全員が、教科書のどこを見れば良いかが分かるから良い」

「『考えた理由が三つあります。』と最初に言うと、聞いている人は分かりやすい」

意見を聞いて、私は言いました。

「友だちの発言を聞いて、発言の良さを価値付けられる周りのみんなも良いですよね」

「Mさんが最初に『聞いてください』と言ったことに気付いた人？」

ざっと手が挙がります。

「話し合いで大切なことは、自分の意見を伝えることです。周りが聞く雰囲気になっていなければ、Mさんが言ったように『聞いてください』と言って発言することも大切ですね」


Mさんの発言の工夫を取り上げて、全体に広めたのです。

発言をする側は、聞いている側に伝わる発言をするために、発言の仕方を工夫することを子どもたちに伝えています。また、キラリと光る発言が出たときに、その**発言のよさを全体に問い返すことで、話し合いをよりよくするための言葉を引き出す**ことができます。

こだわりポイント

良い発言を取り上げて、発言の工夫を生み出させる。

子どもたち同士で発言の良さを価値付けさせる。

「今の話し方、真似したいよね」話し方を価値付ける

- 身に付けさせたい力
  友だちの発言を自分の中に取り入れる力
- どんな場面
  話し合い場面
- 何に（何を）
  友だちの工夫した発言
- どのようにこだわるか
  発言の良さを価値付ける
  発言の良さを真似させる

話すこと指導で、「学びを広げる」には、**良い話し方（発言）を真似させることが**大切です。たくさん発言ができるようになるから、伝えたいという想いが強まり、相手に伝わる話し方を工夫するようになります。その工夫は、教師が価値付けたり、子どもたち同士で価値付けたりすることで、みんなが真似したい話し方の工夫として広がっていきます。

相手に伝えたいという想いを強めることが、子どもたちの話し方を上達させます。

みんなに広げたい話し方（発言）の工夫

「みんな、たくさんの意見を見付けていたね。それでは、それぞれで見付けた意見を全て発表します。この列の人、順番に発表してください」

「僕は、○、△、□、○△、△、△△、△○です」

「全部で、七つ見付けたのだね。すごいね」

「私は、△○、△、□、○△、○、△、□、○△、○、△、□、○△、です」

「Bさんはいくつ見付けていた?」（全員に問う）

次に、Fさんが発表します。

「一つ目は○、二つ目は△、三つ目は□、四つ目は×、五つ目は●、六つ目は■です」

「Fさんは、全部でいくつ見付けていた?」

「六つです」

「すごいね。どうしてみんなFさんが六つの意見を見付けたって、すぐに分かったの？」

「Fさんは、一つ目は、二つ目は、三つ目は…という言い方をしていたからです」

「同じように気付いた人？」

「意見をいくつ見付けたかを発表するときは、『一つ目は～』のような言い方をすると、聞いている人に、伝わりやすいのだね。Fさんのおかげで、伝わりやすい発言方法をまた一つ手に入れることができましたね」

そう言いながら、黒板に次のように板書しました。

「相手に伝わりやすい話し方」・『一つ目は～二つ目は～』という話し方。

「これは、書かなくても良いですからね」

そう私が言うと、多くの子が、ノートに書き写していました。続けて、意見を聞いたとき、

「一つ目は～　二つ目は～」と、何人もの子が自分の意見を発表していました。


「一つ目は～二つ目は～」という話し方の工夫を、真似したい言葉として取り上げています。メモのように教師が板書して「これは書かなくても良いよ」と言うのもポイントです。

「書かなくてもいいよ」と言うことこそ実はメモしてほしいポイントなのです。書かなくても良いことを書いた人を取り上げ褒めることで、大事だと思ったことをメモするようになってきます。これは、ちょっとした学級の文化です（書くこと指導にもつながります）。

学んだ話し方が使えるような話し合い場面を、すぐに設けることもポイントです。学んだことをノートに書き写して、すぐに使わせるから定着していくのです。

「いくつ意見があるか発表します。一つ目は～二つ目は～という言い方だと、聞いている人にも、いくつの意見があるか分かりやすいですね」と教師が最初に伝えないこともポイントです。子どもたちから、良い話し方が生まれてきたかのように、教師が価値付けしていくのです。すると、不思議なことに、子どもたち自身で、より良い話し方について考えるようになります。「～のように言いなさい」「××という話し方をしましょう」と教師が指示するのではなく、子どもたちから生まれた話し方の工夫を取り上げ「真似したいね」と価値付けることで、話したいという意欲と話す力は高まっていきます。

こだわりポイント

良い話し方を取り上げて真似させる。
子どもたちから生まれてきたかのように教師が価値付ける。

8 書くこと指導のこだわり

書く力も、「たくさん」「工夫して」「真似る」三段階で上達させる！

私は「力があるから書ける」というよりは、むしろ「書くから力がつく」のだと考えています。　野口芳宏（1997）『野口芳宏第二著作集「国語修業・人間修業」』（野口芳宏第二著作集第8巻）明治図書出版

野口芳宏先生の言葉の通り、書く力を付けるためには、まず「書く」ことです。

だからといって、子どもたちに、「さぁ、たくさん書きなさい」と指示しても、「えーっ！」という反応をされるのがオチです。また、次のように言われることもあります。

「何行（何マス）書かないといけないの？」（書く量）

「何を書いたらいいのか分からない」（書く内容）

「どう書いたらいいのか分からない」（書き方）

子どもたちの言葉は、書くことへの抵抗感を表しています。書くこと指導の第一歩は、この抵

抗感を取り除くことです。まず、**書く楽しさが味わえるような学習活動を、数多く取り入れます。**その際、次の三つの視点が重要です。

「たくさん」…書く楽しさを味わわせます。**「工夫して」**…どのような内容・方法で書けば良いのかを考えさせます。**「真似る」**…良質な文章を書きたいという意欲、書けたという達成感をもたせます。

Ⅰ「学び方を教える」ためのこだわり
・書けたという達成感をもたせるために、箇条書きなどの書き方を教える

Ⅱ「学びを引き出す」ためのこだわり
・よい文章を真似させ、自分の工夫が生まれたときの教師の評価付け

Ⅲ「学びを広げる」ためのこだわり
・書くための視点をもとに、自主的に書かせる学習活動

私が座右の銘にしている言葉があります。**「記憶は風化するが、記録は財産になる」**

このような言葉を子どもにも語り、書き残すからこそ、自分の学びの財産となっていく実感をもたせていきましょう。

出会いの感想を箇条書きで抵抗感を取り除く

二月二十日 P.126〜
モチモチの木　斎藤隆介
出会いの感想
①題名…モチモチの木
②作者…斎藤隆介さん

- 身に付けさせたい力
  意欲的に書こうとする力
- どんな場面
  一学期の授業
- 何に（何を）
  書けたという達成感
- どのようにこだわるか
  箇条書きなどを教える
  ノートにびっしり書けた達成感をもたせる

書くこと指導の第一歩は、書くことに対する子どもたちの抵抗感を取り除くことです。

その上で、たくさん書けたという達成感をもたせます。

書くことに対する抵抗感を取り除き、書けたという達成感をもたせる

では、子どもたちは、なぜ書くことに対して抵抗感を示すのでしょうか。

それは、良い文や文章を書かなければいけないと思っているからです。

良い文章を書きたいからこそ、書き出せないのです。

それは、私たち大人でも同様です。

良い文や文章を書かなければいけないと思えば思うほど、書き出せません。


「初めは何を書いても良い。書いているうちに力が付いてくるのだよ」


子どもたちに、安心感をもたせて、書くことに対する抵抗感を取り除きます。

それでも書くのはなかなかハードルが高いです。

そこで、文や文章でなく、「箇条書き」を教えます。

例えば、詩や物語、説明文ので、出会いの感想文（初発の感想文）を書くときがあります。それを箇条書きにしてしまうのです。

感想文を、いきなり文章で書かせると書けません。

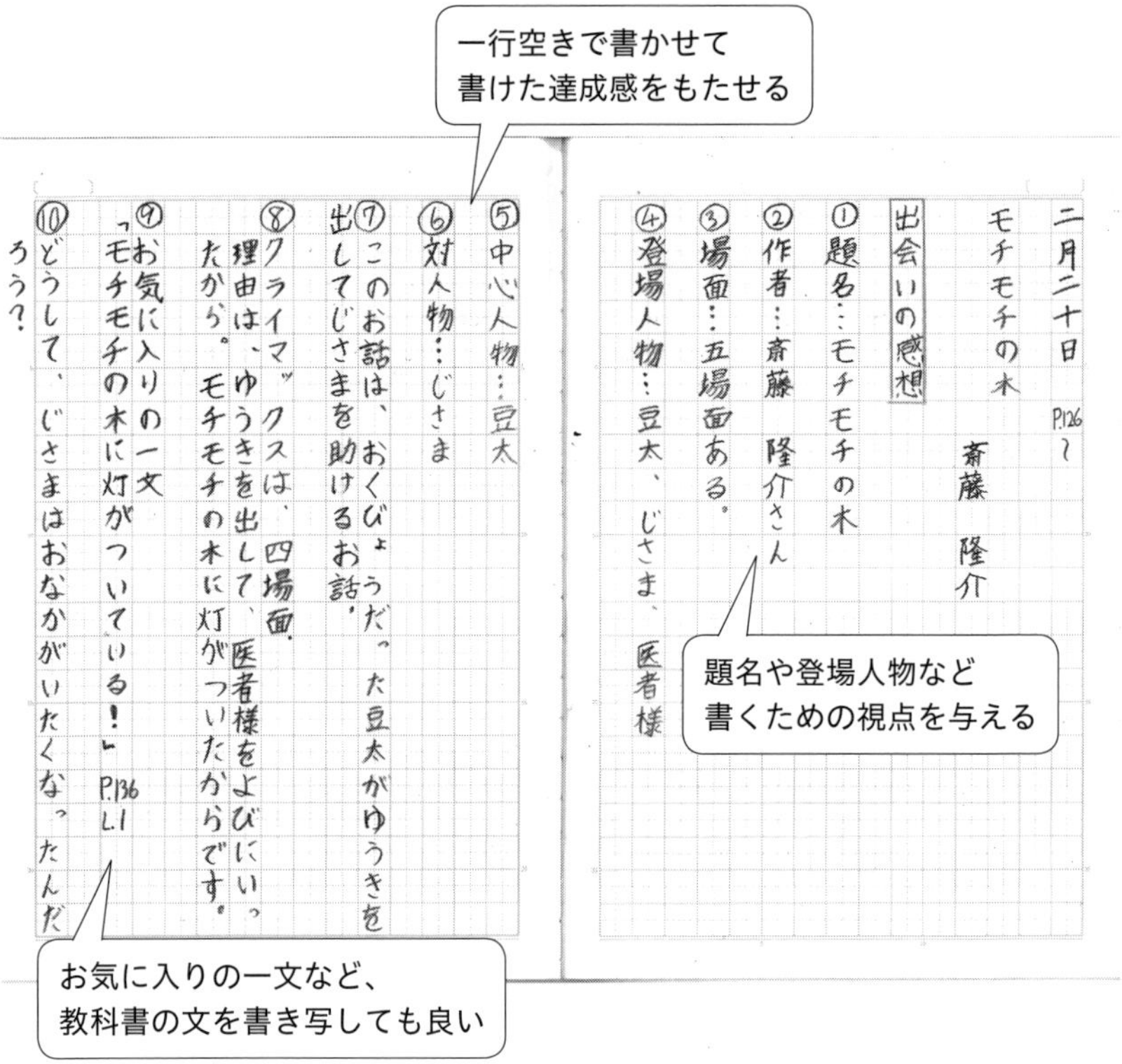
一行空きで書かせて
書けた達成感をもたせる
二月二十日
モチモチの木 P.126〜
斎藤 隆介
出会いの感想
①題名…モチモチの木
②作者…斎藤 隆介さん
③場面…五場面ある。
④登場人物…豆太、じさま、医者様
題名や登場人物など
書くための視点を与える
⑤中心人物…豆太
⑥対人物…じさま
⑦このお話は、おくびょうだった豆太がゆうきを出してじさまを助けるお話。
⑧クライマックスは、四場面。
理由は、ゆうきを出して、医者様をよびにいったから。モチモチの木に灯がついたからです。
⑨お気に入りの一文
「モチモチの木に灯がついている！」P.136 L.1
⑩どうして、じさまはおなかがいたくなったんだろう？
お気に入りの一文など、
教科書の文を書き写しても良い

作品を読んで分かったことや気付いたこと、気になった一文、疑問に思ったこと、これから勉強したいことなどを、箇条書きで書かせます。

上の写真は、二月の授業でのノートですが、このような書き方を4月から教えておきます。

箇条書きを使えば、書くことが苦手な子どもたちも、ノートに考えを書くようになります。

箇条書きでも、間を一行空けてゆったりとノートに書くこと（たくさん書けた達成感がある）や書くための視点（題名、作者、登場人物……）などを与えます。

詩や説明文でも同様です。

教師が同じように箇条書きで出会いの感想を書くことも教材研究の方法の一つです。

四月の段階では、その感想を板書しながら解説して、書き写させても良いかもしれません。

こだわりポイント

文や文章ではなく言葉を書いたり、文を書き写したりすることから始める。

箇条書きで書く方法を教える。

「学ぶ」は「真似ぶ」手本文化を浸透させる

- 身に付けさせたい力
  友だちの書いたものの良さを見出し、自分の中に取り入れようとする力
- どんな場面
  書く活動のとき
- 何に（何を）
  よく書けたノートや作文
- どのようにこだわるか
  書き写させる
  その上で、自分の工夫を加えさせる

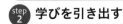

書く視点をもとにして、箇条書きで書くという方法は取り組みやすいです。

では、箇条書きを文や文章に発展させたり、読み取ったことをもとに自分の考えを書いたりする力を高めていくにはどうすれば良いのでしょうか。

私は、書くことが得意ではありませんでした。

しかし、今では、毎日一定量の文章を書くことができます。それは、なぜかというと……

徹底的に真似をしたからです。

学級通信、授業記録、学習指導案、通知表の所見……。ありとあらゆる文章をそっくりそのまま真似て書いてきました。真似ることで、型を学んだのです。真似て書いているうちに、文章を書くための型が身に付いてきて、少しずつ自分なりの工夫を交えて書きたいという気持ちも芽生えてきました。

「型」の重要性は、次のように言われています。

「型」の重要性

例えば、剣道の素振りや、国語の素読、数学の計算練習などである。型をやるときに、面白いか面白くないかはあまり関係がない。しっかりと型を反復練習することで、一通りの基本動作が自動的にできるようになる。できるようになることが増えるに従って、面白さも増えてくる。達人たちの経験値が凝縮したものが型である。その型をひたすら自分の身体で反復的にトレーニングし、技として活用できるようにする。

齋藤孝（2016）『新しい学力』岩波新書

真似ることや型の重要性を子どもたちにも繰り返し話したうえで、真似てほしいノートなどを紹介していきます例えば、次のノート。

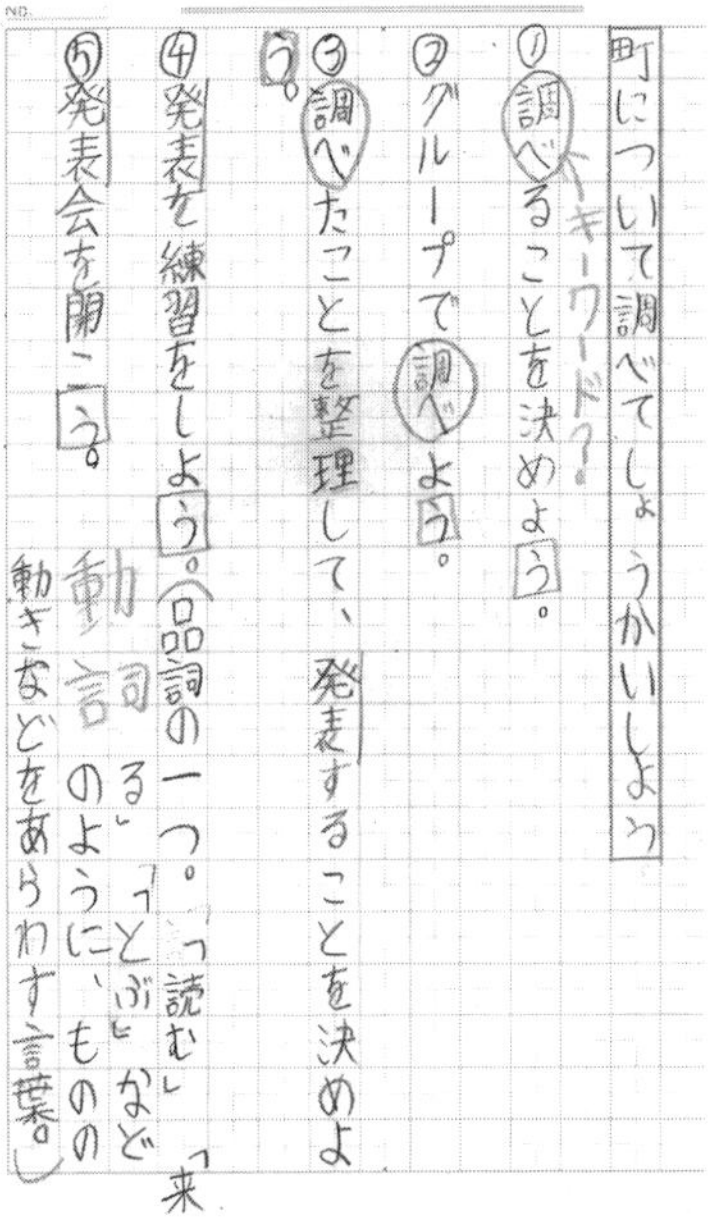

分からない言葉「動詞」を、辞書引きを行ってノートに書き込んだ形跡があります。また、自分がこの学習でキーワードだと思う言葉「調べ」を赤鉛筆で囲んでいます（「キーワード？」と自分の疑問を書き込んでいる）。

このような工夫を取り上げて、全体へと広げていくのです。

ノートづくりの工夫を真似させる。

少しずつ自分の工夫も生み出させる。

このときの学級では「手本文化」と言っていました。

誰かのノートの工夫や、うまくまとめた文章をコピーし配付して、それをそのままノートに書き写させました。手本文化が浸透してくると次のような声があがるようになります。

「○○の部分、少しだけ書き換えてもいいですか?」

ノートを写すだけでなく、より良くまとめるために自分でも工夫して書いてみようという子が出てきます。

すると、自分もみんなに真似されるようなノートや文、文章を書こうとする子たちが増えてきます。自分なりの工夫を加えていこうという空気が浸透してくるのです。

ノート集めて返却するときに、子どもたちにノートを見せながら解説したり、学級通信にノートを掲載したりするなど、手本文化が浸透することで書く力を高めることができます。

こだわりポイント

真似すること、真似されることの良さを伝える。
真似するだけでなく、自分で工夫を加えている子どもを取り上げる。

「学んだことを書きなさい」書く視点があれば書ける

- 身に付けさせたい力
  指示がなくても書き出せる力
- どんな場面
  思考場面
- 何に（何を）
  授業で学んだこと
- どのようにこだわるか
  書くための視点をもとに自力で書かせる

箇条書きや、友だちのノートから真似ぶことで、書く力は少しずつ高まります。
書く力が高まってくると、子どもたちは教師の指示がなくても書き始めます。
そのような状態にするためには、書く視点をたくさん与えておく必要があります。

書く視点をたくさん与えて、教師の指示がなくても書き出せるようにする

例えば、詩を読んで
「この詩について書きなさい」
そう指示したときに、子どもたちがノートにスラスラと書き出せるイメージです。
書くための視点として、詩であれば、

題名、作者、連の数、話者、視点、表現技法、着目した言葉、疑問……。

物語や説明文も同様です。
書くための視点は、読むこと指導と連動しています（154ページを参照）。
教科書の「言葉の力」（学習用語）を書くための視点をしてもよいでしょう。
こうしたことを繰り返し授業で扱います。
「この詩について書きなさい」
そう指示して書かせたときには、

書いていないことが分かるようになる。
八月二十七日
詩を読もう
①紙ひこうき題名
②神沢 利子作者
③三連物語…場面、説明文…だん落
④話者 ぼく
⑤すうい、くるりオノマトペ
⑥おうい、おりてこいよぎ人法
⑦森の木だった紙……
母…風
子…紙ひこうき
森の木だった紙……
この詩で、かあさんを表しているのは、風です。そう考えた理由は、かあさんにだかれてゆうらゆらとあって、風はゆらゆらしているから。
今日の学習で学んだことは、すういやくるりはオノマトペということがわかった。かあさんはだれだろうと思った。人間にたとえることをぎ人法というとわかった。神沢利子さんは、かあさを何と思ってかいたのだろうか。国語では、書いてな

「詩を読もう」で、子どもが書いたノート。
書く視点をいくつ与えているでしょうか。

「先生がこれから言うことが書けている人は、一つにつき10点」などと、ゲーム感覚で楽しみながら書く視点を増やしていくこともできます。

上のノートは、書くための視点をもとに「紙ひこうき」という詩について書いたノートです。詩であれば前述したような視点で、読み取ったことを書けばよいと指導しています。そのことで、子どもたちは自ら書き出すことができます。

また、「自分の考え」「友だちの意見」「自分と友だちの考えの比較（同じところ、違うところ）」なども書かせると、書くことと読むことを

連動させた学びになります。毎時間の授業で、

「今日は、良かったと思う意見を言った友だちの名前を書きなさい」

「よいと思った意見を書きなさい」

「学んだ学習用語を書きなさい」

　このようなことを繰り返し書かせることで、「○○について書きなさい」という学習活動でも、子どもたちは自分たちで進んで書き出せるようになります。

こだわりポイント

書くための視点を、できるだけたくさん与える。書く視点があると「○○について書きなさい」の指示だけで書き出せる。

9 叙述へのこだわり

考えの根拠を求める！徹底的に教材の言葉にこだわらせる

「134ページの10行目に、『でも、大すきなじさまの死んじまうほうがもっとこわかったから』と書いてあります。『でも』『もっと』ということは、豆太は、夜の道よりも、くまよりも、『大好きな』じさまが死んじまうことのほうが恐かったということです。大好きなじさまのために、勇気を振り絞って、無我夢中だったはず。その気持ちは分かります。だって……」

『モチモチの木』（東京書籍三年下）の授業での児童の発言です。

「でも」や「もっと」という言葉を根拠にして、豆太の気持ちを想像して読んでいます。

「登場人物の気持ちは、自分で一生懸命考えたり、想像したりすれば、何を言っても正解」

子どもたちは、このような考えをもっていないでしょうか。もしかすると教師も……。

もちろん、想像したり、類推したりしながら読んで、考えを述べる場合もあります。

ただし、叙述を根拠にして考えているでしょうか。国語の授業で大切なのは次のことです。

叙述（教材に書かれている言葉や文、文章等）を根拠に想像して読む

このことを教えていなければ、何を言っても正解の国語の授業になってしまいます。叙述を根拠に考える習慣を身に付けさせるには、**正しく引用する力**を育てる必要があります。個人で楽しむ読書とは違い、国語の授業なので、**正解がある**という意識をもたせましょう。叙述のどこを根拠にしたのかで、**正解が一人ひとり違うことがある**ことも伝えます。

Ⅰ「学び方を教える」ためのこだわり

・考えの根拠が明らかになるように、正しい引用の仕方を教える

Ⅱ「学びを引き出す」ためのこだわり

・「教材の言葉の是非を検討」言葉への執着心をあおる

Ⅲ「学びを広げる」ためのこだわり

・文章を書き換えた教材を使って、作品の叙述のよさに気付かせる学習活動

叙述へのこだわりは、次の「読むこと」指導のこだわりと連動します。叙述にこだわれるからこそ、作品を広く深く読むことにもつながっていくのです。

正しく引用させる 考えの根拠を明らかにさせる

- 身に付けさせたい力
  正しく引用する力
  叙述を根拠に考える力
- どんな場面
  一学期の授業
  物語や説明文の授業
- 何に（何を）
  教材文からの引用を正しくノートに書くこと
- どのようにこだわるか
  引用の仕方を教える
  考えの根拠を叙述に求める

物語で、登場人物の気持ちの変化を読み取り、自分の考えを述べることがあります。子どもたちは、登場人物に自分を重ね合わせたり、読者として登場人物の行動や会話についてどう思うかを考えたりしながら、気持ちの変化について意見を述べます。

その意見の根拠は、どこにあるでしょうか。

子どもたちの思い付きや想像だけの意見になっていないでしょうか。

「教科書何ページの何行目、○○と書かれています。○○ということは、私が思うに……」

このように、教科書に書かれている言葉、叙述を根拠にした意見になっているでしょうか。

叙述を根拠に、自分の考えを述べることができる

叙述を根拠に、自らの経験と結び付けて理由を考えるのが国語授業での考え方です（このページでは根拠のみを扱います。理由の形成については対話へのこだわりで述べます）。

叙述を根拠に考える習慣を身に付けさせるには、引用を教えておく必要があります。

次に紹介するのは『サーカスのライオン』（東京書籍三年下）で中心人物である「じんざ」の変化を考えさせた授業の一コマです。

ノートに書き出した引用をもとに、気持ちの変化を考えていることが分かります。

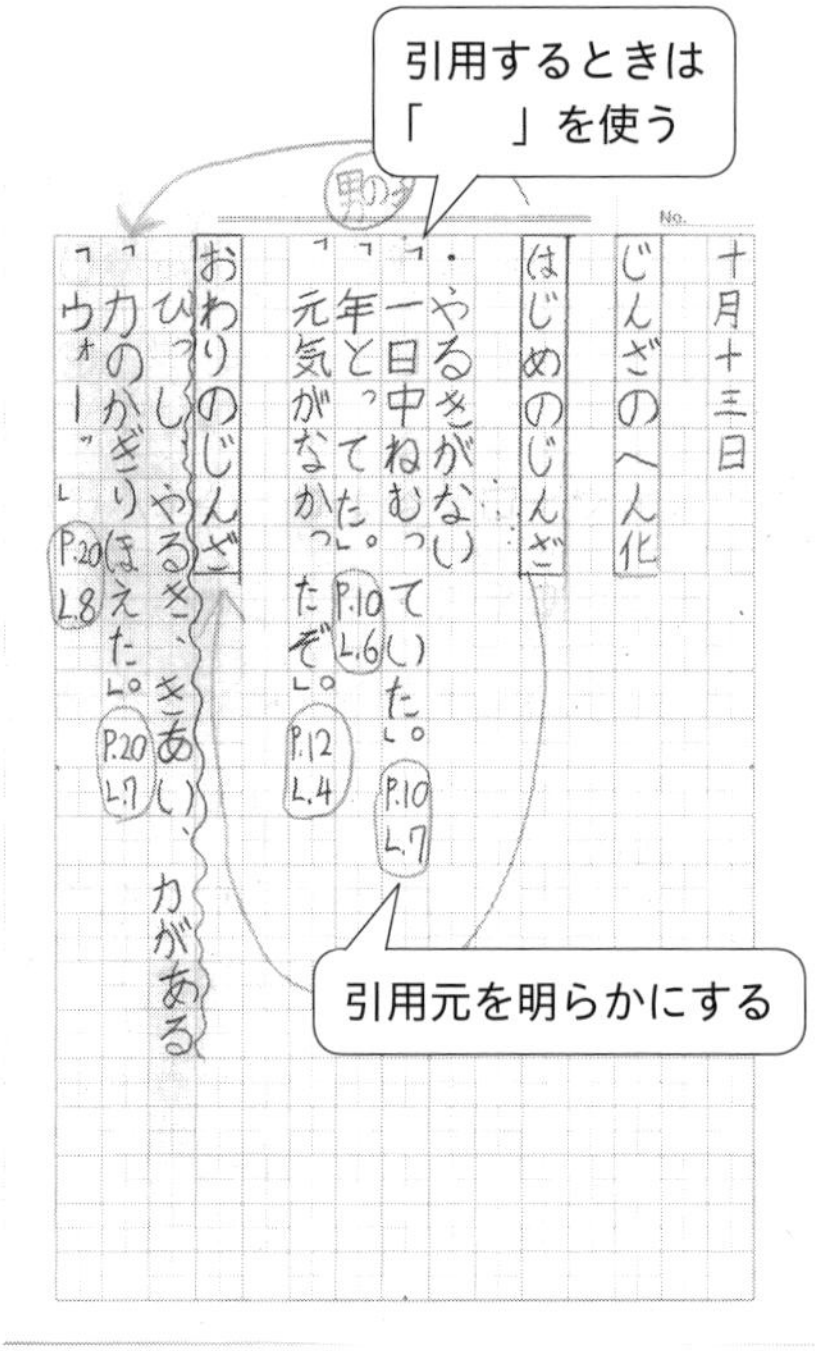

引用するときは
「　　」を使う
引用元を明らかにする

じんざはどう変わったのか!?

じんざの変化について授業を行いました。
例えば、次の書き方を見てみましょう。
「一日中ねむっていた。」（P．10　L．7）
教材文を引用するときは自分の考えと区別するために「　　　　」を使うこと。
どこに書いてあるかを明記すること。（P．○　L．△）
叙述のどこを根拠にしたのかを明確にするという、学習技能が身に付いています。

じんざの行動や会話文が、教科書のどこに書かれているのかが明確に引用されています。

引用は「　」でくくり、ページ数、行数を書く（「□□□」P.○○L。△△）。

教科書に書かれていることを正しく引用できる力は、読みの力にも生かされます。

例えば、物語文に「行けっ！」と書かれているときには、正しく「行けっ！」と引用したうえで、読み深める必要があります。「いけっ！」「行け！」「行け」と言葉を変えてしまうと、まったく意味が変わってしまいます。正しく引用できる力は、あえて作者がその言葉を使っていることに気付くことにもなります。

また、どの言葉や文を根拠に考えたのかが明確で、話し合いをするときにも役立ちます。どこを根拠に考えたか、全員で根拠を共有しながら話し合いを進めることができるからです。

こだわりポイント

自分の考えの根拠を明らかにする習慣を身に付けさせる。ノートに引用するときの書き方を教える。

「小さなはちみつではなく……」言葉への執着心をあおる

- 身に付けさせたい力

書かれている言葉に執着する力

- どんな場面

教材文を読んでいるとき

- 何に（何を）

書かれている言葉について

- どのようにこだわるか

本当にこの言葉で良いのか検討させる
教師があえて間違うことで指摘させる

教材文の言葉や文を正しく引用できるようになったら、その言葉が使われている理由についても、子どもたちがひっかかりをもてるようにします。

そのためには、教師が教材文を読み込み、書かれている言葉の意味や必要性を考えておく必要があります。**教師の言葉へのひっかかりが、子どもたちの言葉のひっかかりを生みます。**

教材文を読み込むことは、授業をつくる上で基本的な作業なのですが、意外とされていないことが多いようです。教材文と真剣と向き合うと、いろいろな言葉が気になります。

気になった言葉を、授業中にあえて言い間違えたり、板書のときに書き間違えたりすることで、その言葉であることの意味を子どもたちも考えるようになります。

こうしたことの繰り返しで、子どもたちの言葉に対する執着心が芽生えてきます。

例えば、次の授業。子どもたちは教師の言葉や、教科書の言葉にこだわっています。

『はりねずみと金貨』（東京書籍三年下）

教科書に書かれている言葉に対して、私と子どもたちで次のやりとりがありました。

はりねずみは四人の人物に出会います。

出会った人物たちから、冬ごもりのために必要な物をもらいます。

さて、四人の人物から何をもらったのかをノートに書き出しているときのことです。

一人目のりすについて、次のように板書しました。

りす……ふくろにいっぱいつまったほしきのこ

そこで、子どもたちから「待った」がかかります。

「先生、句点がありません」

「教科書からの引用部分には「　」が必要です」

「長くないですか？　短く要約して書いた方がいいと思います」

子ぐまは「小さなはちみつの入ったつぼ」を渡します。

ここでも「待った」がかかります。

「教科書がおかしいです。『小さなはちみつ』ではなく『小さなつぼ』では？

小さいのはつぼだから、『はちみつの入った小さなつぼ』と書いた方が良い」

句点、引用などの学習用語が身に付いています。

また、教科書の微妙な言い回しを見逃しません。

「小さなくま」「子ぐま」の書き方の違いにひっかかっている人もいました。

まさに授業は真剣勝負。私もうかうかしていられません。うれしい悲鳴です。

私は、教科書からの引用を板書しています。その板書に、句点がないことや引用なのに「　」

を使っていないことを子どもたちが指摘しています。また、教科書の「小さなはちみつ」という言葉にひっかかり、小さいのは、はちみつではなく、つぼであるということを指摘しています。

実は、これには布石があります。

私が板書するとき、意図的に間違えて引用したり、句点を抜かしたりすることを何度か行っていました。最初、子どもたちは気付きません。「間違えて引用してしまった」「句点を抜かしてしまった」と私自身で指摘します。教師が教材文を読み込み、一つ一つの言葉の意味を考えた上で授業に臨むからこそ、このような方法でも子どもだちに言葉にこだわらせることができます。

こだわりポイント

教師が教材文を読み込み、一つ一つの言葉の意味を考えておく。言葉を言い間違えたり、書き間違えたりすることで言葉にこだわらせる。

「置き換えてみると……」その言葉の良さに気付かせる

- 身に付けさせたい力

その言葉であることの意味を考える力

- どんな場面

書かれている言葉について検討する場面

- 何に（何を）

言葉の置き換え

- どのようにこだわるか

「置き換えてみるとしたら……」
「自分が作者だとしたら」
あえて叙述とは違う言葉や文で考えさせる

子どもたちが、叙述にこだわりながら、自分たち自身で作品の良さを読み取るための方法として、言葉を置き換えて考えさせるということがあります。

作品を読んでいて（この言葉の使い方は素敵だな）と思うことがあります。

作品を際立たせるような言葉です。

子どもたちが作品を読み、そのような言葉の良さに気付くためには、教師が教材文を読み込み一つ一つの言葉の意味を考えておく必要があります。なぜなら、教師がその言葉である必要性を感じていなければ、言葉の置き換えを子どもたちに授業することはできないからです。

言葉を置き換えて考えさせることで、作品を際立たせている言葉の良さに気付かせる

例えば、三年『モチモチの木』で、「なきなき走った。」という言葉があります。

「これって『泣きながら走った。』って書いた方が分かりやすいよね」

と、子どもたちに提案します。

すると、

「それでは、ダメだ」

というのです。

「なきなき走った。」という書き方である必要性を、子どもたち自身が価値付けるようになりま

す。置き換えて考えさせることで、その言葉であることの意味を見出すようになるのです。

次のようなこともありました。


『モチモチの木』の一文目。「まったく、豆太ほどおくびょうなやつはいない。」に対し、

「この文、他にもいろいろな言い方ができるよね」

とKさんが言いました。すると、その声に反応して何人かがつぶやきます。

「豆太は、とてもおくびょうだ。」「豆太というおくびょうなやつがいた。」

「実に、豆太はおくびょうだ。」「まったく、豆太っておくびょうだ。」

言葉を置き換えた文が子どもたちから提案されます。

Sさんは辞書引きをして「おくびょう」の意味を調べていました。

「作者の斎藤隆介さんが書いているから、この書き方が一番良いよ」

「『まったく』っていうことは、豆太がおくびょうなことに呆れているんじゃない？」

「呆れているのは誰？」

「話者でしょ」

「そもそも、豆立っておくびょうなの？」

「豆太ほど、の〈ほど〉だから、誰かと比べてるんだよ。誰と比べてるの？」

「じさまや、おとうでしょ」

「まったく、豆太ほどおくびょうなやつはいない。」

一文の言葉を置き換えて考えたことで、さまざまな疑問が湧いてきたようです。

これから作品を読み進めるにあたって、重要な視点の意見もたくさん出されました。

ある子の発言をきっかけに、文の置き換えが提案され、そこから疑問が出されています。
「おくびょう」の意味を調べていました。（**言葉の意味にこだわる**）
「呆れているのは誰？」（**おくびょうだと思っている話者の存在への注目**）
「そもそも、豆立っておくびょうなの？」（**豆太の人物像への疑問**）
「豆太ほど、の〈ほど〉だから、誰かと比べてるんだよ」（**じさまやおとうの存在への注目**）
叙述を正しく引用でき、言葉へのひっかかりがもてる段階を経ているからこそ、言葉の置き換えに対して、それではダメだという（その言葉だからこそ作品の良さがある）という価値付けを行っています。言葉へのこだわりが、子どもたちの作品の読みを深めることにつながるのです。

こだわりポイント

言葉を置き換えて考えさせる。

作品の良さを際立たせている言葉を意味付けさせる。

10 読むこと指導のこだわり

学んだことを繰り返し使う！学びの蓄積を使って作品を読ませる

「作者が読者に伝えたかったことはなんでしょうか？」

『海の命』（東京書籍六年下）での授業。「努力を続ければ、いつか夢は叶う」と考えを書いた子がいたとします。この子の読みの力は、どう評価すれば良いでしょうか。

質問を変えます。

子どもたちに「読みの力」が身に付いたという状態は、どういう状態でしょうか。

学びの蓄積（学習して身に付けた読み方）を使って、自分で作品を解釈できる状態。

私は、このように考えています。

物語や詩などの作品は、一人ひとりの「読み」（解釈）があります。40人いれば、40通りの解釈があるということになります。ただし、叙述のどこを根拠にしたのか、叙述を自分の経験とどう結び付けて解釈したのかが明確になっているでしょうか。そうした解釈であれば、40人いれば40通りあって良いということです。

逆に言うと、叙述から離れて勝手に想像して読んだり、物語の中心人物やクライマックスが人によって違っていたりする中での解釈だと、何でもありの解釈になってしまいます。子どもたち自身が、作品を解釈できるようにするためには、どこを根拠に、どういう理由で考えて、解釈したのかという読み方を教える必要があります。また、学習用語の定義など、学級全員が共有した状態で話し合いが行えるようになると読みを深めることにつなげられます。

Ⅰ「学び方を教える」ためのこだわり

・作品を読むための学習用語の共有化

Ⅱ「学びを引き出す」ためのこだわり

・叙述を根拠にしても、解釈にズレが生じるような発問

Ⅲ「学びを広げる」ためのこだわり

・学びの蓄積を生かして、作品について一人一人で読ませる学習活動

冒頭の『海の命』の解釈「努力を続ければ、いつか夢は叶う」。どこを根拠に、どういう理由で解釈に至ったのか。その子の考えを聞いた上で、学級全体の話し合いにつなげることができれば、読みを広めたり深めたりできるのではないかと思います。

「何回、出てきますか？」会話文……学習用語を教える

・身に付けさせたい力
学習用語を意識して作品を読む力

・どんな場面
年間の国語授業
授業のまとめや振り返りの場面

・何に（何を）
国語科の教科内容
学習用語

・どのようにこだわるか
作品を読むことを通してどのような力が身に付いたかを実感させる

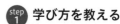

子どもたちは、国語で学ぶ教科内容を意識して作品を読んでいるでしょうか。

教科内容とは、国語や算数で教えるべき内容で、学習指導要領に書かれています。ある作品を学習したときに、その作品でどのような国語の力を身に付けたのかがあいまいであることが国語授業の問題点です。

例えば、『お手紙』（東京書籍二年上）を学習したときに、「がまくん」や「かえるくん」の気持ちは考えたけれど、そのことを通して、どのような国語の力が身に付いたのかを子どもたちが実感できていないということです。教師自身が教科内容を意識できていないこともあります。

授業を通してどのような国語の力を身に付けたのかを、子どもたちが実感できるようにするためには、学習用語を教える必要があります。

学習用語を意識しながら作品が読める

物語であれば、題名、作者、登場人物、中心人物、場面、起承転結、話者、山場など……。

説明文であれば、筆者、段落、はじめ・中・終わり、問いと答え、要点、要約など……。

作品を読むための学習用語を、子どもたちに教える必要があります。

教科書によっては巻末に「言葉の力」や「学習用語」として載っているものもあります。

ある作品で学んだ学習用語をもとにして、新しい作品を読めるようにしていくのです。

『大きなかぶ』（東京書籍一年上）を通して、どんな学習用語を教えることができるでしょうか。

題名、作者、話者、挿絵、登場人物。会話文、繰り返し（リフレイン）……。

実際の授業では、次のように学習用語について教えました。

「『うんとこしょ、どっこいしょ。』というセリフは、何回出てきますか」

「六回です」

「そうだね。ところで、『うんとこしょ、どっこいしょ。』と誰が言ったの？」

こういった機会をとらえて、学習用語を教えます。

「今、みんなが数えた『うんとこしょ、どっこいしょ。』のように、登場人物が話した言葉のことを会話文って言うのだよ。

言ってごらん」

「会話文！」

「ノートに書いておきなさい」

「ところで、『うんとこしょ、どっこいしょ。』って何回出てきたのだっけ？」

「六回です」

「何回も何回も使われていることを、繰り返しって言うのだよ。言ってごらん」

「繰り返し！」

「これもノートに書いておきなさい」


単元の終わりに、『大きなかぶ』で学んだ学習用語にどのようなものがあったかを確認します。それは「次の物語でも使えるのだよ」と伝えて、授業で繰り返し使っていきます。

こだわりポイント

授業を通して何を学んだかが明確になるように学習用語を教える。

学習用語をもとにして、新たな作品が読めるように繰り返し使う。

「分かったことを書きなさい」読みのズレを検討して、読み深める

- 身に付けさせたい力
  学びの蓄積をもとに作品を読む力
- どんな場面
  詩歌や物語、説明文を読むとき
- 何に（何を）
  一人一人の読みの違い
- どのようにこだわるか
  読みのズレを検討させる

学習用語が身に付いてくると、初読の段階で、自分の読みについて子どもたちが交流するようになります。

「中心人物は○○で、クライマックスは△△だよ。なぜかというと……」

「筆者の主張は□□だよ。はじめの段落に書かれている……」

学習用語の蓄積が、このような読みを可能にします。

作品を通して、どのような国語の力が身に付いたのかを実感しているからこそ、子どもたちは、身に付けたことをもとに新たな作品を読みたいという気持ちが湧いてくるようです。

学びの蓄積は、子どもたちの読みの意欲へとつながります。ただし、学んだ学習用語や国語の力が同じであっても、子どもたちの読みにはズレが生じます。

それは、どこを根拠に読んだのか、また一人一人の経験の違いが読みに反映されたことにより生じるズレです。**生じたズレを検討することで、より作品を読み深めることができます。**

三年生の俳句の授業。生じた読みのズレを授業で検討しました。

青空か？　夕焼け空か？

赤とんぼ筑波に雲もなかりけり　正岡子規

板書して、それぞれでよませた後、ノートに書かせました。

「（この句をよんで）分かったことを書きなさい」

ノートに書かせた後で、いくつかの意見を板書させました。

「五・七・五の十七音で俳句」「作者は、正岡子規さん」

「話者に見えているのは、赤とんぼ、雲、筑波」「季語は赤とんぼ」

「筑波って何だろう？」「切れ字の『けり』がある」「季節は秋」

「雲がないことに感動している」「空は夕焼け空」

これまでに学んだことをもとに、さまざまな意見が出ました。

「話者は、雲が見えているって書いてあるけど見えていないいんじゃない」

とKさんが言いました。

「話者に雲は見えているか？　見えていないか？」を課題に、意見をノートに書いて、みんなで検討しました。また、Hさんが言います。

「夕焼け空って書かれているけど、青空だと思う」

そこで、「話者に見えている空は青空か？　夕焼け空か？」についても検討しました。

授業の詳細は、省略しますが、

「（この句をよんで）分かったことを書きなさい」

という指示で、学びの蓄積をもとに、それぞれが読めたことを書かせました。そこで生じたズレを授業で検討したのです。自分の読みとは違う読みがあることで、もう一度自分の読みについて考えます。そのことが読み深めることにつながるのです。ある子が次のように言いました。

「私は、最初、夕焼け空だと思っていました。赤とんぼの歌では『夕焼け小焼けの赤とんぼ』とあるからです。でも、Nさんの意見を聞いて青空に考えが変わりました。「雲もなかりけり」だから青空だし、青空の中に赤とんぼが飛んでいるほうが、きれいな感じがするからです」

自分の経験をもとに読んでいた考えが、友だちの考えとズレていた。そのズレを、もう一度考えていくうちに、個の読みも自然と深まっていきます。

このように、学習用語など考えの土台が共有された状態だからこそ、そこで生じるズレを授業で扱うことで、作品を読み深めることができます。

こだわりポイント

「分かったことを書きなさい」。学びの蓄積をもとに読ませる。読みに生じたズレを検討し、作品を読み深める。

「今まで学んだことを使います」学びをもとに解釈させていく

クライマックスの一文は？
医者様を…
モチモチの木に灯が…

- 身に付けさせたい力
  学びの蓄積をもとに作品を読み討論する力
- どんな場面
  話し合い場面
- 何に（何を）
  読みの妥当性について検討させる
- どのようにこだわるか
  討論を行う

作品を読み、その読みが妥当かどうかを他者と検討する中で、自らの読みに変化が生じます。

これまで身に付けてきた力を使って読めたら、その**読みを他者と共有し、検討することで読みを深める**というわけです。したがって、他者と共有し、検討するための学習活動や言語活動を設定する必要があります。

例えば、討論があります。討論を行う前には、自分の考えをまとめさせておく必要があります。

・共有できる学習用語を使って考えている。
・自分の考えは、どこを根拠にしたのかが明確になっている。
・考えの理由を明らかにしている。
・自分の考えと反対の考えについても意見を書いている。

こうした、いくつかのポイントについて考えを書かせた上で、討論を行うからこそ読みを深めることができます。また、みんなで討論するに値する課題を設定することも重要です。

例えば、『モチモチの木』では、豆太の変容について考えさせることで作品の主題に迫ることができると考え、変容につなげるためにクライマックスについて討論させました。

登場人物の気持ちの変化や情景について叙述をもとに想像して読むためにクライマックスを検討しました。主に二つの意見が出ました。

「医者様をよばなくっちゃ！」「モチモチの木に灯がついている！」

どちらが妥当かを全体に確認すると、

「医者様をよばなくっちゃ！」派が十人　「モチモチの木に灯がついている！」派が十四人

まず「医者様をよばなくっちゃ！」派の意見を聞きます。

・豆太が勇気を出したところだから。　・豆太がじさまのために頑張ったところだから。

次に「モチモチの木に灯がついている！」派の意見を聞きます。

・「勇気を出したから灯が見れた」　・もっとも感動があるから。

すると、Hさんが次のように言います。

「**クライマックスって『もっとも感動や興奮が高まるところ』だったでしょ。**だから、モチモチの木に灯がついたところがもっとも感動があると思う。だって、あれだけモチモチの木に灯がついたところを見たいって豆太は思っていたでしょ」

その発言を受けて、「医者様をよばなくっちゃ！」派から、次の意見が出ます。

「**『サーカスのライオン』を思い出してください。**『サーカスのライオン』では、じんざが「ウォー！」とほえていたところがクライマックスでした。だから中心人物が一番勇気を出した『医者様をよばなくっちゃ！』がクライマックスです」

どちらもこれまでに学習したことをもとに考えた意見です。

Kさんが次のように言いました。

「『医者様をよばなくっちゃ！』がクライマックスの始まりで、一番高まったところが『モチモチの木に灯がついている！』だと思う。**僕らも、何かしなきゃって思ったときに、やろうっていう気持ちになって、できたときに『やった！』って思うでしょ。それと同じように考えたら今のようにクライマックスの始まりとピークがあると考えるといい**と思う」

この意見には、「なるほど」という声があがり、拍手が起こりました。

『モチモチの木』を学習するまでに、「クライマックス」という学習用語を教え、クライマックスを検討する授業を行ってきました。子どもの意見から、「『サーカスのライオン』を思い出してください」との声があがるように、学習の蓄積を実感していることが分かります。

さらに、Kさんは、みんなの意見を聞いた上で、新たな意見を生み出しています。自分の経験を交えながら考えています。討論を行うことで、このような新たな読みも生まれてきます。

こだわりポイント

学びの蓄積をもとに、自分の読みをまとめさせる。
討論を行わせることで、これまでにない新たな読みを生ませる。

11 対話へのこだわり

考えの違いに気付かせる！だから見方・考え方が広がり深まる

「今から話し合いを始めます」

このように指示するだけでも、子どもたちは話を始めます。しかし、本当の意味での対話が成立しているでしょうか。

「ただのおしゃべりの時間」「一人が一方的に意見を言っている」「相手の意見を聞いていない」子どもたちに話し合いをさせても、「対話」させることは難しい。これが私の実感です。でも、難しいからこそ、学習効果は高いと考えています。対話を生むには、どうすれば良いのでしょう。

「目的を伝える」

・対話は、学習方法の一つ。対話することの目的、対話を通して身に付く力を伝える。

「対話が成立している状態を教える」

・どのような言葉を使うのか、対話するための学習用語を貯めさせる。

・双方向での意見のやりとりができているか。対話して考えたことをノートに記録させる。

「対話を生むための指示・発問・学習活動の工夫」

・ズレを埋めるために対話の必要性があることに気付かせる。

「対話で力が付いたことを実感させる価値付け」

・見方・考え方が広がり深まる、教師がいなくても学習が進められることの価値を伝える。

これまでに述べてきたことを、総動員しなければいけないことが分かります。

Ⅰ「学び方を教える」ためのこだわり

・対話の目的、対話が成立している状態を教え、繰り返し指導する

Ⅱ「学びを引き出す」ためのこだわり

・対話したくなるような意見のズレを生む発問

Ⅲ「学びを広げる」ためのこだわり

・対話することで見方・考え方が広がり深まる実感をもてる学習活動

「なぜ対話が大切なのか」「対話が成立している状態」が分かってくると、子どもたちは対話することに意欲的になります。その機会を捉えて繰り返し教師が指導することが重要です。

「ここまでいいですか?」考えを共有できているかを確認

・身に付けさせたい力
考えを共有する力
・どんな場面
話し合い場面
・何に(何を)
自分の考えを伝えること
相手の考えを知ること
・どのようにこだわるか
対話の目的を伝える
考えが共有できているかを確認させる

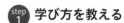

ペアトーク、グループトーク、全体での話し合い、討論、議論、ディベート……。話すことを伴う学習活動では、対話成立の条件を定義しておく必要があります。

「対話」を、次のように定義します。

互いの考えを共有して、違いを知ること。そのことで、自分の考えを再考して深めること。

お互いの考えを共有し、考えの違いを知り理解していくことを通して、自分自身の考えを見つめ直すことが対話の目的なのだと考えます。

対話は、相互理解のための営みであり、自己理解のための営みでもあるのです。

このような、対話の目的を子どもたちに繰り返し伝え、話し合いを行わせます。

どのような状態が対話なのか、対話の目的を子どもたちに伝える。

次の授業場面では、対話の目的を理解している子どもたちの姿があります。

考えが変わりました

『モチモチの木』の授業後、Sさんが、次のように振り返りを書いていました。

「私は最初、医者様はモチモチの木を見たと思いました。だけど今日、討論をしてみんなの意見を聞きました。私は最初、Kさんの意見に反対でした。だけど、Kさんがある言葉を言ったから考えが変わりました。友だちの意見を聞いて、自分の考えをもう一度深く考えてみました。私は討論って大切だなと思いました」

自分の意見と誰かの意見の、同じところ、違うところを意識して討論したようです。

また、再度自分の意見について考えてみたというのです。

討論を行い、みんなで対話することの本質を突いた振り返りです。

国語の授業が終わり、給食を取りに行くときにも討論は続いていました。

「なんで、豆太って、灯のついたモチモチの木を見られたんだろう?」

「そりゃ、勇気があるからでしょ」

「勇気を出したからだよ!」

「じさまは、モチモチの木に灯がついたのを見ていないよ。もし見ているなら『お前は山の神様の祭りを見たんだ。』ではなく『お前は山の神様の祭りを見たな。』って言うと思う」

周りも「そうそう!」と反応。子どもたちにやりとりを聞いて、次のように伝えました。

「誰かに考えを伝えることで、自分の考えが整理できる」

「自分では、考え付かなかったようなことを知る」

「誰かの考えを聞いて、自分の考えが変わる」

一学期から語り続けていた対話することの大切さを、子どもたちも実感したようです。

Sさんが振り返りに書いた**「友だちの意見を聞いて、自分の考えをもう一度深く考えてみました」**ということは、対話の目的として私が伝え続けてきたことです。

「自分の考えを伝えること」「相手の考えを知ること」それを共有した上で、もう一度自分の考えを見つめ直してみる。そのような対話の目的を伝え続けることが大切です。

また、対話を成立させるには、互いの意見が共有できているのかを、繰り返し確認させるようにします。例えば、

「私は、豆太がモチモチの木を見ることができたのは、○○だと考えます。○ページを見てください。△△と書かれています。△△ということは〜　**ここまでいいですか？**」

一方的に話すのではなく、自分の考えが相手に伝わっていることを確認させます。

ペアトーク、グループトーク、全体での話し合いでも同様です。

お互いが伝えたいことを確認しながら進めていくからこそ、対話へつながっていきます。

こだわりポイント

話し合いを行わせるときには、対話の目的を伝え続ける。考えが共有できているかを確認させる。

「ぼくの経験から言うと……」経験の違いが解釈の違いに

- **身に付けさせたい力**
  根拠をもとに自分の経験と重ねて解釈する力
  考えの理由を説明できる力
- **どんな場面**
  話し合い場面
- **何に（何を）**
  自分の考えの理由
- **どのようにこだわるか**
  根拠を明らかにさせた上で、解釈の理由を説明させるみんなが同じ考えや解釈であれば、話し合う必要はありません。考えや解釈が違うからこそ、話し合う価値があるのです。

では、考えや解釈のズレが生まれるのはなぜでしょうか。

それは、根拠にするところが違ったり、一人一人の経験が違ったりするからです。登場人物に自分自身を重ね合わせて気持ちを考えたとしても、登場人物に重ね合わせる人物が違うので、読み取る気持ちにズレが生じます。読者として登場人物の気持ちを考えさせたとしても、一人一人の読書経験も違うので解釈に違いが生じます。

対話を通して自分とは違う見方や考え方を知ることができ、自分の考えを広げ深められるということに気付かせていくのです。

そのために必要なことは、次の二つです。

考えや解釈のズレが生じるような発問の工夫

考えや解釈の理由を説明するときには「ぼくの経験から考えると～」などの言い方を教える

次の授業場面では、そうしたことを踏まえた上で子どもたちが対話しています。

3年生の『モチモチの木』の五時間目の授業では、次の課題について討論を行いました。

「灯がついたモチモチの木を見たのは誰ですか」

全体に意見を確認しました。

医者様も見た派：十六人　医者様は見ていない派：八人

自分の考えをノートに書かせて、グループで意見を共有させて全体で討論を行いました。

少数派である「医者様は見ていない派」から意見を言います。

・医者様は「まるで……」と言っている。だから、実際には見えていない。

・「一人の子どもしか見ることは……」と書いてあるから、医者様は年よりなので見えない。

次に多数派である「医者様も見た派」の意見を聞いていきます。

・「あ？　ほんとだ。」とモチモチの木を見ているから言える。

・「まるで灯がついたようだ。」と書いてある。だから見ている。

Wさんが次のように言いました。

「僕は、どちらも見ているけど、見え方が違うのだと思います。～根拠部分は略～　**僕の経験から言うと、**夜景をみたときに、『きらきら光ってきれいだな。』ってお母さんは言っていたけど、僕は『まるでお星さまがたくさんあるみたいだね。』って言ったことがあります。お母さんにはただの光に見えていたけど、僕には星のように見えた。このときと同じように、豆太と医者様では、モチモチの木の見え方が違うのだと思う」

授業で考えにズレが生じたのは、二つの理由があることが分かります。

- **どこを根拠に考えたのか、考えの根拠にしているところが違う**
- **子どもによって、経験が違う**

考えや解釈にズレが生じる理由を子どもたちが理解していると、対話を通して見方・考え方が広がり深まることが実感できます。そのため、子どもたちには次の話を伝え続けていました。

①国語授業での考えや解釈は十人十色であること

②しかし、教科書の叙述を根拠にすることが前提であること

③叙述を根拠にして、自分の経験と結び付けて、考えたり解釈したりすること

「ぼくの経験から言うと……」というWさんの発言は、これらのことを踏まえたものでした。なぜ、考えが解釈にズレが生じるのかを、子どもたちにも理解させた上で対話させます。このことが作品を深く読むことにつながります。

こだわりポイント

考えや解釈にズレが生じる理由を子どもたちにも理解させる。ズレが生じるからこそ、作品が深く読めることに気付かせる。

「自分たちでより良い文章に」自分たちで学びを深めさせる

- 身に付けさせたい力
  対話しながら、学びを深める力
- どんな場面
  文章を書かせて検討させる場面
- 何に（何を）
  それぞれで書いた意見や文章
- どのようにこだわるか
  「よりよい文章にしてごらん」の指示で、より良い文章するための対話を生み出す話し合い、対話することは、学習方法の一つです。考えや解釈のズレに気付き、自分の考えを見つめ直し、相互理解や自己理解を行うことが対話の目的であることは先に述べました。

対話の目的と方法を、子どもたちが理解できているのであれば、より良い対話のために教師が手を離すことです。子どもたち同士の対話が生まれ、学びをより深めようとします。

教師が手を離すとはどういうことか。

例えば、作文や意見文などの文章を書かせたときに、教師が推敲するのではなく、子どもたち同士に対話させながら推敲させていくという方法があります。

次のノートは、絵文字を考えて、絵文字についての説明を一人一人が文章に書いたものです。その文章について、グループで話し合わせて推敲させました。

教師が行ったことは、

「自分たちでより良い文章にしてごらん」

と指示しただけです。

自分たちで話し合いながら良い文章をつくっていくという対話の目的が理解できている。そして、自分の考えを伝えたり、相手の考えを聞いたりした上で、それぞれの良さを取り入れる。こうした対話の方法を知っている子どもたちは、より良い文章にしようと対話します。

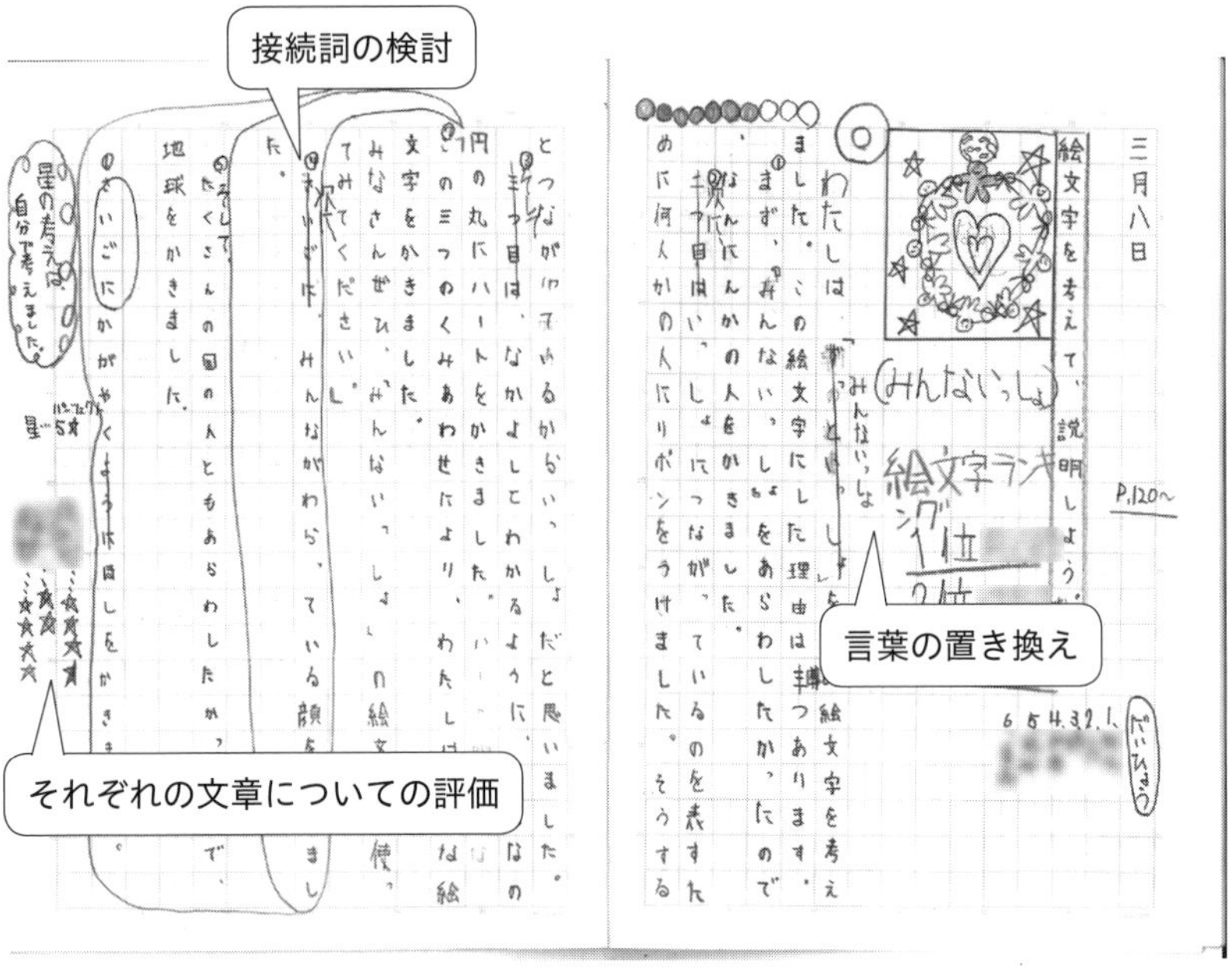

ノートからは、接続詞を直したり、書き足したい文をメモしたりしているのが分かります。

また、それぞれの文章について☆印を使って評価をしています。

こうしたことは、教師が手を離して、子どもたち同士で対話させたからこそ生まれたものです。教師が行うことは、これらを取り上げ価値付けて、全体に波及させることです。

「（ノートを見せながら）今、○班の人たちは、言葉の置き換えや接続詞について検討しているね。自分のノートに、他の人の文章について評価もしているよ。では、もう一度みんなで話し合ってより良い文章にしてごらん」

取り上げた上で、もう一度話し合い、対話させるのです。

そこで、同じように取り組む班が出てきます。そのときに価値付け、全体に波及させます。

「みんなで対話しながら学習を進めると、よりよい文章になっていくね。学びを深めているね」

対話の目的を理解して、自分たちで学習を進められていることを実感させるのです。

対話の目的と方法を理解させた上で、教師が手を離す。そこで生まれた対話による学びを、教師が価値付けて全体に波及させていく。こうしたことを繰り返すことで、教師がいなくても、自分たち自身で対話の質を向上させ、学びをより深いものにしていきます。

こだわりポイント

教師が手を離し、子どもたちの対話を生み出す。
対話を通して生まれた考えを、価値付け全体に波及させる。

おわりに

本書を最後までお読みいただき、ありがとうございます。

国語授業づくりの「こだわり」をもとにした授業のイメージをもつことができたでしょうか。

人はイメージがあるから、やってみようと行動に移すことができます。


本書を執筆するに当たり、担当編集者の方と次のような話をしました。

「国語の授業で、どのようなことに悩んでいたのですか」

「何に悩めばよいのかが分からず、悩んでいました」

「そこから、どうして国語の授業が楽しく感じられるようになったのですか」

「私自身が楽しい国語授業を受けて（参観して）、国語の楽しさを体感したことがきっかけです」

あのような授業を、私も行ってみたい。

私が体感したように、子どもたちにも国語の授業の楽しさを体感させたい。

憧れの授業へのイメージが、国語授業づくりに対する私の意識を変化させました。

憧れの国語授業のイメージに近付くために、多くの研究会に参加し、多くの本を読みました。

多くの先生方の授業を参観に行き、同僚の先生方にもいろいろ教えてもらいました。

そして、本に書いてあること、参観した授業や教えてもらったことを、手当たり次第に真似るように授業してみたのです。

本書に書かれている授業も多くは、参考文献にある書籍などの先行実践がもとになっています。

ところが、イメージ通りにはいきませんでした。

それは、当然です。

教師の力量が違う、子どもたちの状態が違う、学習内容の蓄積も違う、教室環境も違う……。

同じような展開で授業しても、全く別物の授業にしかなりませんでした。

最近になってようやく、自分の授業が上手くいかなかった原因が分かるようになりました。

楽しい国語授業を生み出し、支えるための土台がつくられていない。

土台づくりが、私の学級ではなされていなかったのです。

そこで、優れた国語授業を行う先生方に共通していることは何なのかを探ることにしました。

そういう視点で、授業を参観するようになると、あることが見えてきました。

それは、

それは、**教師も子どもたちも言葉にこだわっている**ということでした。

授業中、教師も子どもたちも、とことん言葉にこだわっていたのです。

熟語であったり、一文であったり、たった一文字であったり。

言葉へのこだわりから、教室が熱中の渦に巻き込まれるような授業が展開されていたのです。

書かれている言葉、話す言葉、掲示されている言葉、言い換えれば、教室に溢れる全ての言葉が大切にされていたということです。

そこで、私は考えました。

子どもたちが、言葉にこだわるようにするには、どうすればよいのか。

まずは、教師である私自身が言葉にこだわるようになろう。

そうすると、国語授業づくりにひっかかりができるようになってきたのです。

・この言葉ってどういう意味だろう。

・言葉の成り立ちは？

・他の言葉に置き換えができないかな。

・子どもたちに伝えるには、どの言葉を使おうか。

・今の子どもの発言、素敵だな。全体に広めたい言葉だな。

国語授業で、教師の言葉へのひっかかりが、本書で紹介してきたような「こだわり」を生むことになりました。

楽しい国語授業を支えている土台は言葉へのこだわり

この考え方を手に入れてからは、一つの方法で上手くいかなくても、次の方法、また別の方法と、いくつもの方法が考えられるようになりました。

言葉にこだわる子どもを育てるための方法として、33のこだわりを紹介してきました。「まえがき」も書きましたが、本書で紹介するこだわりは、意識すれば誰にもできるものです。

国語授業で、言葉にこだわるようになると、教材の見方が変わります。

今までとは違う見方で教材を見て考えたことを、そのまま授業してみてください。

教師自身が辿った思考過程をそのまま授業にしてみるのです。

こうしたことの繰り返しが力になります。

ただ私自身が経験してきたように、本書に書かれていることを同じように実践してもうまくいかないことがあるかもしれません。

実践を中心に書きましたが、33の実践の支えている共通項、すなわち「言葉へのこだわり」を、ご自身の教室の子どもたちと、扱う教材に合わせてアレンジしていただくことで、血肉化されていくのだと考えます。それは、汎用的な力を育てることになります。

教師の「こだわり」が言葉にこだわる子どもを育てるということで、さまざまな視点から書いてきましたが、国語授業を変えることが目的ではありません。

子どもたちが、そして教師自身が国語授業を楽しめるようになり、国語の力を身に付けることが目的です。

楽しめることは長続きします。

上手くいかなくても、再度、やってみようという意欲もどんどん高まります。

そのことで、より言葉にこだわるようになり、力を付けていくのだと思うのです。

言葉にこだわる力は、国語授業だけでなく、人とコミュニケーションをとるとき、誰かに何かを説明するとき、人に伝える文章を書くとき、さまざまな文章を読むときなど、日常生活にも生きて働く力になります。

国語授業が楽しくなり、言葉にこだわるようになることは、人間力を高める可能性を秘めています。

本書をきっかけに、国語授業を楽しいと思える先生方が増え、国語授業が楽しいという子どもたちが増えるのであれば幸いです。

最後になりますが、本書を書き進めるにあたってご尽力いただいた編集者の刑部愛香さん、企画をしていただいた北山俊臣さん、イラストを描いていただいた松本麻希さん、また関係者の皆様に感謝申し上げます。

立場は違いますが、子どもたちのために、日本の教育について真摯に取り組んでいる方が、こんなにもたくさんいらっしゃることは、私たち教師にとって心強いです。

そして、いつも私の実践について批評してくれる教育サークルＲＥＤＳ大阪のメンバーにも感謝の気持ちでいっぱいです。共に学ぶ仲間がいるということで私も学び続けることができます。

国語授業が苦手だった私が、まさか国語の本を書くことになるとは夢にも思いませんでした。

本書に携わるすべての方々、最後までお付き合いいただいた読者の皆様にも御礼申し上げます。

ありがとうございました。

国語好きの子どもたちが溢れることを願って

２０２０年10月　牧園浩亘

参考文献

青木伸生（二〇一七）『フレームリーディングで文学の授業づくり』明治図書出版
青木伸生（二〇一七）『3ステップで深い学びを実現！　思考と表現の枠組みをつくるフレームリーディング』明治図書出版
青木幹勇（一九八九）『音読指導入門』明治図書出版
青木幹勇（一九八三）『生きている授業　死んだ授業』国土社
青木幹勇（一九八六）『第三の書く』国土社
飯田朝子（二〇〇四）『数え方の辞典』小学館
家本芳郎（一九九四）『群読をつくる』高文研
石川九楊（二〇一三）『日本の文字―「無声の思考」の封印を解く』ちくま新書
石黒修・編（二〇〇一）『詩を「分析批評」で教える』明治図書出版
石田佐久馬・編（一九七九）『音読・朗読・黙読』東京書籍
石田佐久馬編（一九八九）『話し合い・聞き合い・学び合い』東洋館出版社
井関義久（二〇一〇）『分析批評で「批評力」が育つ』明治図書出版
市毛勝雄（一九八五）『説明文の読み方・書き方』明治図書出版
井上ひさし（二〇一一）『日本語教室』新潮新書
岩下修（一九九二）『自学のシステムづくり』明治図書出版
宇佐美寛（一九七九）『新版　論理的思考』メヂカルフレンド社
宇佐美寛（二〇一七）『教師の文章』さくら社
宇佐美寛（一九八六）『国語科授業批判』明治図書出版
大西忠治（一九八七）『授業つくり上達法』民衆社
岡本浩一（二〇〇二）『上達の法則』ＰＨＰ新書
学校教材活用指導法研究会（二〇一四）『ベテラン先生直伝漢字ドリルの活用法』教育同人社
桂聖・編（二〇一九）『全員参加で楽しい「考える音読」の授業&音読カード』東洋館出版社
加藤道理（一九九九）『字源物語』明治書院
川崎寿彦（一九八九）『新版 分析批評入門』明治図書出版
川上徹也（二〇一八）『1冊のノートが「あなたの言葉」を育てる』朝日新聞出版
甲本卓司（二〇一二）『教室の国語表現力＝ＵＰのヒミツ基地12』明治図書出版
西郷竹彦（二〇〇五）『子どもの見方・考え方を育てる小学校中学年・国語の授業』明治図書出版
齋藤孝（二〇一六）『大人のための書く全技術』ＫＡＤＯＫＡＷＡ
齋藤孝（二〇一七）『まねる力』朝日新書
堺利彦（一九八二）『文章速達法』講談社学術文庫
笹原浩之・編（二〇一〇）『当て字・当て読み漢字表現辞典』三省堂
笹原浩之（二〇一四）『漢字に託した「日本の心」』ＮＨＫ出版新書
佐藤佐敏（二〇一三）『思考力を高める授業』三省堂
小学館辞典編集部・編（二〇〇七）『句読点、記号・符号活用辞典。』小学館
白石範孝・編（二〇一四）『国語授業を変える「漢字指導」』文溪

堂
白石範孝・編（二〇一三）『国語授業を変える「用語」』文溪堂
白石範孝（二〇一三）『白石範孝の国語授業の技術』東洋館出版社
鈴木健二（二〇一六）『思考のスイッチを入れる授業の基礎・基本』日本標準
田中博史・桂聖（二〇一六）『ドキュメント算数・国語の「全員参加」授業をつくる』文溪堂
田中博史・二瓶弘行（二〇一〇）『基幹学力の授業国語＆算数第22号 やる気も保証!!これぞ究極の計算指導、漢字、語彙指導』明治図書出版
筑波大附属小学校国語教育研究部・編（二〇一六）『筑波発 読みの系統指導で読む力を育てる』東洋館出版社
鶴田清司（一九八八）『文学教育における〈解釈〉と〈分析〉』明治図書出版
土居正博（二〇一九）『クラス全員が熱心に取り組む！漢字指導法―学習活動アイデア＆指導技術―』明治図書出版
苫野一徳（二〇一九）『「学校」をつくり直す』河出新書
中村明（二〇一〇）『日本語語感の辞典』岩波書店
西谷裕子・編（二〇〇六）『勘違いことばの辞典』東京堂出版
野口芳宏（一九八八）『学級づくりで鍛える』明治図書出版
野口芳宏（一九九七）『野口芳宏第二著作集』明治図書出版
野口芳宏（二〇〇四）『国語教師・新名人への道』明治図書出版
野口芳宏・木更津技法研・編（二〇一六）『詩歌の鑑賞授業の教科書』さくら社
浜上薫（一九九〇）『「分析批評」入門「10」のものさし』明治図書出版
樋口裕一（二〇一九）『「頭がいい」の正体は読解力』幻冬舎新書
深谷圭助（二〇〇六）『立命館小学校メソッド』宝島社
本多勝一（二〇一五）『〈新版〉日本語の作文技術』朝日文庫
溝越勇太（二〇一八）『1日5分全員が話したくなる！聞きたくなる！トークトレーニング60』東洋館出版社
向山洋一（一九八六）『国語の授業が楽しくなる』明治図書出版
向山洋一（二〇〇一）『プロは一文で一時間を授業する』明治図書出版
向山洋一（一九八五）『授業の腕をあげる法則』明治図書出版
向山洋一編（二〇〇一）『日本教育技術方法大系第8巻学習経営大事典』明治図書出版
森川正樹（二〇一八）『子どもの思考がぐんぐん深まる教師のすごい！書く指導』東洋館出版社
森川正樹（二〇一七）『教師人生を変える！話し方の技術』学陽書房
森田信義（二〇一一）『「評価読み」による説明的文章の教育』溪水社
森田良行（一九八八）『基礎日本語辞典』角川学芸出版
森信三（二〇一五）『理想の小学教師像』致知出版社
山本東矢（二〇一八）『道徳を核にする学級経営』学芸みらい社
山中伸之（二〇一七）『話し合いができるクラスのつくり方』明治図書出版
横山験也（一九九一）『力をつける短い詩文の解読法』明治図書出版

著者紹介

牧園 浩亘（まきぞの ひろのぶ）

1981 年鹿児島県生まれ。大阪教育大学卒業。大阪市公立小学校勤務。

〈研究分野〉

国語教育、道徳教育、学級経営

〈所属学会等〉

教育サークル REDS 大阪代表

日本授業 UD 学会会員

新しい道徳授業づくり研究会会員

大学卒業後、4 年半の社会人経験を経て、小学校教師に。

毎月開催しているサークル例会は、260 回を数える（令和 2 年 10 月現在）。

国語、道徳、学級経営、仕事術を中心に学んでいる。

3ステップで学びの土台をつくる

国語授業のこだわり33

2020（令和2）年10月19日　初版第1刷発行

著　者：牧園浩亘
発行者：錦織圭之介
発行所：株式会社 東洋館出版社
〒113-0021　東京都文京区本駒込5丁目16番7号
営業部　電話 03-3823-9206　FAX 03-3823-9208
編集部　電話 03-3823-9207　FAX 03-3823-9209
振　替　00180-7-96823
U R L　http://www.toyokan.co.jp

装　幀：mika
イラスト：松本麻希
本文デザイン：藤原印刷株式会社
印刷・製本：藤原印刷株式会社

ISBN978-4-491-04295-4　Printed in Japan